U0677689

# 国际中文教育教学技能大赛
# 参赛技巧提升指南

王晓燕　著

东北大学出版社
·沈　阳·

ⓒ 王晓燕 2025

**图书在版编目(CIP)数据**

国际中文教育教学技能大赛参赛技巧提升指南 / 王晓燕著 . -- 沈阳 : 东北大学出版社 , 2025 . 4 . -- ISBN 978-7-5517-3752-4

Ⅰ. H195.3

中国国家版本馆 CIP 数据核字第 20250W23V0 号

出 版 者：东北大学出版社
　　　　　地址：沈阳市和平区文化路三号巷11号
　　　　　邮编：110819
　　　　　电话：024-83683655（总编室）
　　　　　　　　024-83687331（营销部）
　　　　　网址：http://press.neu.edu.cn
印 刷 者：辽宁一诺广告印务有限公司
发 行 者：东北大学出版社
幅面尺寸：170 mm×240 mm
印　　张：14.75
字　　数：257千字
出版时间：2025年4月第1版
印刷时间：2025年4月第1次印刷
策划编辑：王　佳
责任编辑：周　朦
责任校对：王　旭
封面设计：潘正一
责任出版：初　茗

ISBN 978-7-5517-3752-4　　　　　　　　定　价：78.00元

# 前　言

　　当全球化浪潮裹挟着文化交融的呼声席卷而来，国际中文教育早已超越语言教学的范畴，成为连接不同文明、传递中国智慧的桥梁。在这座桥梁上，每门精心设计的课程、每次跨文化对话的尝试、每项创新教学技术的应用，都在无声地重塑着世界对中国的认知。在全球中文教育蓬勃发展的今天，国际中文教育教学技能大赛已成为检验教师专业能力、推动教学创新的重要平台。

　　近年来，各类赛事如雨后春笋般涌现。这些赛事不仅为参赛者搭建了展示才华的舞台，更为师资力量的储备及发展打下了坚实的基础。从地方性赛事到全国性赛事，虽然国际中文教育教学技能大赛的参赛人数逐年攀升，但一些参赛者对如何备赛感到迷茫与困惑，甚至缺乏系统性的认知。大多数问题主要集中在三个方面：一是心态方面，如精心准备的内容因过于紧张而在课堂演示环节漏洞百出，被评委提问时回答得语无伦次，等等；二是教学方面，如不知该如何选题，把握不住教学目标中的重难点，不能合理有效地设计教学内容，过度依赖课件并追求形式上的花哨（如用大量动画、音视频堆砌）导致师生互动缺失，等等；三是其他方面，如对录课比较陌生，不懂服饰搭配以及手势、姿势的礼仪规范，等等。以上这些问题并非个例，而是多数参赛者遇到过的问题。国际中文教育教学技能大赛对参赛者的要求远超日常教学：既需要参赛者有扎实的教学理论支撑，又考验参赛者临场应变与创意呈现；既要符合国际中文教育标准，又要融入跨文化交际智慧。国际中文教育教学技能大赛如同一面镜子，既能反映出参赛者的专业素养，又能暴露出参赛者在教学中的薄弱环节。如何在有限的时间内，使参赛者既展现专业深度，又体现个人素养，同时传递教育温度，让参赛者在比赛中脱颖而出，是本书撰写的初衷和试图破解的难题。

　　在国际中文教育教学技能大赛的赛场上，专业能力是基石，参赛技巧往往是决定成败的"最后一公里"。当下不乏各种关于教学技巧的图书，但针对国际中文教育教学技能大赛的备赛指南类图书寥寥无几。本书从实用原则出发，不谈空泛的理论，不堆砌华丽的辞藻，只提供能直接"用得上"的实战方法，只聚焦参赛者最关心的"怎么办"方面的问题。本书共包含六章：第一章"心态篇"主要介绍了参赛时应有的心态，如何保持理想的心态参赛，以及面对突发情况时如何调整心态；第二章"选题篇"主要介绍了如何确定选题，以及选题的类型和注意事项；第三章"教学技能篇"是本书的主体章节，主要围绕说课、导入新课、讲解新课、巩固总结、布置作业等环节展开介绍；第四章"录制篇"介绍了如何录制高质量的教学视频及录制时需要注意的事项；第五章"着装与礼仪篇"主要介绍了着装和礼仪的建议及注意事项等；第六章"才艺展示篇"主要介绍了才艺的种类、展示技巧及注意事项。

本书力求让每个章节都能成为参赛者比赛路上的助力器。比赛不仅是个人技能的较量，更是参赛者成长的加速器。比赛的意义，从来不止于一张证书，而是一次对教学能力的全面"体检"，更是一个突破舒适区、实现自我成长的契机。比赛不是终点，而是成长的起点；获得奖项不是比赛的目的，而是努力的见证。比赛过程既能让参赛者看清自己的不足，也能让参赛者提升技能与经验、增强心理素质、拓展视野与认知、建立人际网络。总之，比赛的终极目标是成为更优秀的教育者。当参赛者勇敢地站在赛场上时，就已经得到了最珍贵的礼物——突破自我的勇气。真正的参赛智慧，不在于赢得多少奖项，而是以超越自我为目标，以平常心对待结果，在专注投入中展现最佳水平，同时从参赛过程中收获成长与经验。

在本书撰写过程中，著者要感谢指导过的学生，写作过程中有很多灵感和想法都源于他们一次次比赛中遇到的问题、经历过的困惑与迷茫，以及体验到的惊喜等。本书主要为国内参加国际中文教育教学技能大赛的本科生、硕士研究生和新手教师等提供备赛建议。希望本书能成为一块引玉之砖，激发更多教育者对教学创新的思考，以及对教育本质的回归。也希望当读者读过本书后，带走的不仅是参赛技巧的提升，更是对国际中文教育事业的热爱与信念。我们共同追逐的不仅是赛场上的荣誉，更是让中文走向世界、让文化照亮人心的教育梦想。谨以此书，献给所有在国际中文教育道路上探索的追光者。

本书系辽宁省社会科学规划办基金项目"社交媒体中网络情绪的语言特征分析及识别研究"（项目编号：L22BYY006）资助成果。

由于撰写时间紧迫、过程匆忙，本书中难免会有疏漏之处，请各位读者海涵，并欢迎读者提出宝贵建议。

**著 者**

2024 年 12 月

# 目　录

# 第一章　心态篇

参加国际中文教育教学技能大赛，除了需要扎实的专业知识和教学技能，还要拥有良好的心理素质。心理素质训练在竞赛中起着至关重要的作用。在比赛过程中，可能会遇到各种挑战和困难，良好的心理素质可以帮助参赛者保持冷静、自信和理性，以应对各种紧张与压力，从而更好地发挥自己的实力，提高竞赛成绩。自信、耐心、毅力是良好心理素质的重要表现，参赛者需要通过心理素质训练和自我调节来提升自己的心理素质水平，从而不受外界因素的影响。只有保持良好的心态和心理素质，参赛者才能在竞赛中始终保持最佳状态；只有全面发挥出自己的实力，克服困难，参赛者才能在竞赛中取得优异的成绩，实现自身的竞赛目标。

一般参赛者开始备赛时会比较紧张，心态起伏较大，因此将心态相关内容放在本书第一章，让参赛者先学会调整心态，再去学习其他技巧，这将有助于参赛者减少慌乱和迷茫，甚至会达到事半功倍的效果。

## 第一节　备赛应有的心理准备

### 一、自信而不自负

自信是成功的基石。参赛者应相信自己的教学能力和专业知识，相信自己经过充分准备后能够应对各种挑战。但自信不应转化为自负，参赛者要保持谦逊和开放的态度，虚心接受他人的建议和反馈。参赛者既要有赢得起的姿态，也要有输得起的心态，既受得起表扬也受得了批评。在评委提出建议或作出评判时，参赛者依然能够保持语言的流畅和表情的稳定至关重要，这需要一个既自信又谦逊的心态作为支撑。

## 二、积极面对压力

比赛往往伴随着一定的压力，这是正常的，关键在于如何积极面对和管理这些压力。参赛者可以通过制定合理的时间表、进行深呼吸练习、寻求朋友或家人的支持等方式来缓解压力。有的参赛者一紧张就手、腿发抖，甚至拿翻页器的时候也会手抖；有的参赛者紧张时说话声音会颤抖，呼吸急促。这时，首先要通过深呼吸来调整紧张的状态，然后调整认知，做积极的自我对话，暗示自己不要紧张，做到沉着、淡定。比赛前的紧张较易调整，比赛中的紧张通常只能通过深呼吸和调整认知的方式进行缓解。

## 三、保持平和心态

比赛结果固然重要，但更重要的是参赛的过程和个人的成长。参赛者应保持一种平和的心态，专注于自己的表现和提升、学习和锻炼，而非过分关注结果。即使遇到挫折和失败（如遇到突发事件和卡壳），参赛者也要做到淡定、从容，保持平和的心态，这样才能不影响比赛中的正常发挥。

## 四、积极准备，充分演练

充分的准备是建立自信的关键。参赛者应深入了解比赛规则和要求，制订详细的准备计划，并反复进行模拟演练。参赛前的模拟演练很重要，参赛者可以让自己周围的同学和指导教师多提建议，然后自己多讲练并录制几遍视频，通过多看录制好的视频来发现自己的问题，找到需要改进的地方。参赛者通过不断发现问题、解决问题，以及不断练习和改进，可以提高自己的教学技能和应变能力。正所谓"台上一分钟，台下十年功"，对于任何事情而言，通过持续不断地练习以达到熟练状态，是实现技巧提升、达到熟能生巧效果的必要途径。教学竞赛也不例外，私下演练得越多，比赛时的状态就会越轻巧、熟练，也会让评委觉得你是精心准备过的，是有备而来的，是很尊重这场比赛的。

## 五、保持好奇心和求知欲

教学是一个不断学习和打磨的过程。在比赛中，参赛者要保持对新知识、新技能的好奇心和求知欲，勇于尝试新的教学方法和手段。对于每个环节、每个过渡，参赛者都要积极地去学习别人是如何做的，去思考自己如何能比别人做得更好。只有怀着精益求精的心态，才有助于参赛者在比赛中脱颖而出。

## 六、与他人合作和交流

比赛不仅是个人的竞技场，而且是与他人合作和交流的平台。按照目前的比赛要求，合作形式各异，有的比赛要求一个人参赛，或提交录制视频，或到现场讲课；有的比赛要求两个人一组，或提交视频，或现场讲课；有的比赛要求三个人一组，一个人讲课，一个人写教案，一个人做课件。无论哪一种比赛形式，参赛者都需要与周围的同学和指导教师进行合作和配合。这就需要参赛者与周围的同学、搭档和指导教师建立良好的和谐发展关系。只有团队关系和谐，才能正常甚至超常发挥；如果团队内部不团结，团队的力量不集中，那么团队气势就会比其他组低一些，而且过程不和谐，比赛结果一般不会太理想。因此，与他人合作和交流也是需要好好锻炼及磨合的一种能力，参赛者要学会换位思考，多与他人商量沟通，及时分享经验和心得，相互学习和借鉴。良好的合作和交流有助于参赛者拓宽视野、提升参赛水平。

## 七、保持健康的身体状态

良好的身体状态是心理稳定的基础，是自信心的有力支撑。比赛往往伴随着一定的紧张情绪，健康的身体能够为大脑提供充足的氧气和营养，使参赛者在比赛中保持高度集中的注意力和持久的精力。良好的体能有助于抵抗疲劳，确保参赛者在长时间的教学展示和互动中保持最佳状态，更好地展示自己的教学技能和风格，更灵活地运用各种教学手段（如肢体语言、面部表情等），从而增强教学效果，顺利完成比赛。因此，参赛者在赛前要确保充足的睡眠、均衡的饮食和适当的锻炼。在参赛前进行热身活动，可以减少晕厥风险并提高身体反应速度。经常有参赛者报名比赛后没几天就生病了，这是因为不恰当的时间管理、精力管理、饮食管理等，让他们的身体持续疲惫，从而导致身体状态欠佳，在比赛中陷入被动的局面。

## 八、寻求支持

参赛者可以与指导教师、队友或家人保持良好的沟通，寻求他们的支持和鼓励。他们的支持和肯定可以增强参赛者的信心，让其在比赛中更加坚定。与指导教师、队友和评委的有效沟通也是展现自信的一部分。在寻求支持过程中，应以明确且坚定的言辞阐述个人的见解及意见，并对他人立场予以尊重，同时展现自己的专业素养和团队协作精神，更好地展示自己自信的一面。

## 九、享受比赛过程

参赛者应学会在比赛中放松身心，避免过度紧张。可以通过深呼吸、冥想或调整认知等方式来缓解紧张情绪。保持身体的放松和灵活性，有助于参赛者更好地发挥水平。要学会享受比赛过程，比赛不仅是竞争，而且是展现自己技能和才华的舞台。参赛者可以将比赛视为一个展示自己、挑战自己、超越自己的机会，在比赛中尽情发挥自己的才华和热情，享受与他人切磋的乐趣，享受每次尝试、每次努力、每次进步所带来的喜悦和成就感。这种积极的比赛态度会让参赛者更加自然地展现出自信的风采。参赛者要把握好比赛中的松弛感和紧绷感的程度，太松弛显得不认真，容易被认为不把比赛当回事儿；但太紧张、太紧绷又显得心理素质欠佳、综合素质不够。因此，当参赛者练课时，一定要反复与指导教师、同学交流，反复观看自己的视频，以找到问题。切忌因为没获奖而对比赛或者队友进行质疑、抱怨、负面评判或指责。

总之，参加国际中文教育教学技能大赛需要保持积极、自信、平和的心态，充分准备并享受比赛过程。只有这样，参赛者才能在比赛中发挥出自己的最佳水平，取得优异的成绩。

# 第二节　比赛中如何保持理想的心理状态

在比赛中，参赛者应展现自信的心理状态，这能够帮助参赛者稳定发挥，甚至超常表现。以下建议可以帮助参赛者在比赛中保持理想的心理状态。

## 一、充分准备

自信往往源于充分的准备。参赛者要深入了解比赛规则和比赛内容，高度熟悉与竞赛相关的课程内容，深度了解每个知识点的来龙去脉，精心地进行教学设计，对每个环节做好充分的准备，以及预设可能出现的提问和质疑，同时练习讲解方式，确保讲解流畅、自然。参赛者还要反复打磨参赛作品，准备得越充分，面对挑战时就越能从容不迫。赛前进行充分的训练和准备是建立自信的基础。当参赛者对自己的技能、战术和策略有十足的把握时，自信就会自然而然地流露出来。参赛者要确保对比赛规则、讲课流程及自己的优势有深入的了解，确保参赛中说过的每句话都是经过严格演练和打磨过的，从而达到最佳状态。

## 二、正确认识自己

了解自己的长处和短处，并接受它们。自信是基于对自己能力的合理评估，有助于摆正自己的位置和姿态，而不是盲目自大。认识到自己的不足，并努力改进，这种积极的态度会让参赛者更加自信。参赛者要对自己有准确的评价，了解自己的优势和劣势，擅长的部分要尽量出彩，不擅长的部分也要做到精益求精，并认识到自己的努力和准备已经足够充分。这种自知之明能让参赛者在比赛中保持冷静，既不会因为一点小成就便飘飘然，也不会因为一时的困难就丧失信心。

## 三、保持积极乐观

在比赛中，保持积极乐观的心态至关重要。参赛者要相信自己的能力，并且对自己的教学充满热情。即使遇到困难和挑战，也要保持冷静和乐观，要相信自己能够应对比赛中将会出现的挑战和问题，将注意力集中在如何解决问题上，而不是问题本身，也不是担心失败或负面结果上。重要的是，参赛者的积极心态会感染到评委，谁不希望看到拥有积极向上、阳光自信的精神面貌的参赛者呢！

## 四、尊重对手

自负往往源于对对手的轻视。参赛者要学会尊重每名对手，认识到他们都有自己的优点和长处。这种态度不仅能帮助参赛者保持谦逊，而且能促使其更加努力地去竞争。参赛者在展现自信的同时，也要尊重对手，认识到他们也是充分准备后来参加比赛的，他们的存在可以让自己有机会了解并证明自身的实力。当然，对于有些比赛，在比赛过程中参赛者看不到竞争对手，如有的比赛在初赛、复赛时参赛者都是发送录制好的讲课视频，只有评选完才有机会进入决赛，进入决赛才会见到竞争对手，但也未必有机会听他们讲课。但无论如何，参赛者的心中是有对手的，适当预测其他参赛者的参赛水平也会起到督促和激励自己的作用。

## 五、保持沉着冷静

在比赛中保持冷静的头脑非常重要。当遇到压力或感到紧张时，可以尝试通过深呼吸、放松身体等方法来缓解紧张情绪。保持冷静有助于参赛者更好地发挥自己的水平。保持沉着冷静是让参赛者有自己的节奏，而不是变得冷漠或者麻木，个别参赛者在讲课比赛中显得有些呆板、木讷，讲课的时候手不敢动，脑袋、脖子也不敢动。其实，讲课时切忌一动不动。即便语气再平稳、声音再淡定，教态还是要轻巧自然一些。沉着冷静不代表一动不动，一动不动是紧张僵化、不熟练的表现。

## 六、展现自信的姿态

在讲课比赛中展现自信的姿态至关重要。教姿教态自然大方，不仅能增强参赛者个人的表现力，而且能更好地吸引学生的注意力并增强教学效果。声音是传递信息的重要工具。参赛者应保持声音清晰、有力，并且语速适中，避免使用过多的行话或术语，确保语言易于理解。当讲述重要观点时，参赛者可以适当提高音量或放慢语速以吸引观众的注意力。参赛者也可以通过肢体语言来展现自信。

## 七、进行有效互动

在讲课过程中，参赛者可以尝试与观众进行有效的互动，通过提问、讨论或小组合作等方式来鼓励观众参与。这能够增加课堂的活跃度，而且当感受到观众的积极反馈时，还能够提升参赛者的自信心，即便参赛时下面座位上没有观众，参赛者也要设置互动环节，并且通过自问自答等方式呈现出互动的流程。参赛者要与评委和观众有友好的眼神交流，展现出真诚和专注，切忌像木头人、机器人那样生硬地讲解。

## 八、运用积极的肢体语言

肢体语言是展现自信的重要方式，能够传达出强烈的自信感。参赛者应保持挺拔的站姿、稳健的步伐，肩膀放松，挺胸抬头，眼神坚定。这种自信的姿态能够让参赛者在比赛中更加从容不迫地应对各种情况。还可以运用手势来强调自己的观点，但要注意不要过度使用手势，避免显得随意和肤浅。坚定的眼神和自然的微笑都能传递出自信。要避免过于紧张或过于随意的动作，因为这些都会削弱参赛者的自信形象。

## 九、专注比赛过程

在比赛中，参赛者应将注意力集中在当前的任务上，专注于自身的技术、战术和策略，以及如何在比赛中发挥最佳水平，而不是过分关注比赛结果。这种专注会让参赛者更加冷静和自信，同时降低出现自负的可能性。参赛者要把当下的每个比赛环节做好，不过多地考虑过去或未来的事情，专注于自身的技术动作、比赛内容及比赛中的每个细节，避免被过去的失误或未来的结果所干扰。有的参赛者刚开始讲课就专注于各种与讲课无关的细节，或者专注于评委的表情，或者眼神四处游移张望，这些都是不可取的，都是紧张或不自信的表现。参赛者需要平时多演练来避免发生上述情况。

## 十、积极应对挑战

在比赛中遇到挑战时，参赛者要勇于面对并积极寻求解决方案，不要害怕失败或困难，而要将它们视为成长的机会。通过积极应对挑战，参赛者不仅能展现出自信，而且能赢得他人的尊重和认可。比如，有的评委会提出一些比较有深度、难一点的问题，或者比较有挑战性、有思考性的问题，即使参赛者短时间内答不出来，也要迅速做出反应，准备好应对的话语，这是参赛者必备的心理素质之一。

## 十一、从失败中学习

比赛难免会有失败，但重要的是要从失败中汲取教训，而不是沉溺于失败的情绪中。赛中和赛后都会有发生失误的可能性，如因一时紧张说错了一些话、表达错了一些内容、遗漏了一些环节。失误会造成失败，应将失败视为学习和成长的机会，而不是终点。参赛者应积极分析失败的原因，通过反思和总结来提升自己的能力。如果一时之间无法从因为失败而产生的颓废情绪中走出来，那么也不可以颓废太久，还是要振作起来及时发现问题，总结经验教训，为下次比赛做准备。积累经验是参赛的最重要意义之一。

## 十二、重视反馈并改进不足

比赛结束后，无论结果如何，参赛者都要重视他人的反馈和建议，从中汲取经验教训，找出自己的不足之处，并努力改进。这种开放和进取的态度会让参赛者在未来的比赛中更加自信和强大。在比赛过程中，参赛者也要关注自己的积极表现并给予自己正面的反馈，即使出现小失误，也要从中找到可以改进的地方，并鼓励自己继续努力。这种积极的自我反馈能够增强参赛者的自信心和动力。

## 十三、自我肯定

在比赛前和比赛过程中，参赛者可以给自己一些正面的心理暗示。比如，可以对自己说："我已经做好了充分的准备，我有能力赢得这场比赛。"这种自我肯定能够帮助参赛者增强信心，减少紧张感。有些参赛者可能由于不自信等会产生一些消极思想（如在比赛时会觉得"我肯定讲不好了"等），这是非常不可取的。

自信是一种内在力量，它源于自己对自己的认可和信任。通过上述方法，参赛者不仅能在比赛中展现出自信的风采，而且能赢得他人的尊重和赞赏。参赛者要想在比赛中更自然地展现自信的态度并保持理想的心理状态，关键在于将自信融入日常准备、心态调整及比赛过程中的每个细节。即便比赛中并未被他人肯定，参赛者也要自信地讲解完课程，不要自我放弃。

# 第三节　面对突发情况的应对措施

在比赛中，往往存在一些突发情况，如忘带U盘、课件损坏、课件拷贝失败或者突然断电等问题。对于这些突发情况，参赛者一般可以通过提前准备、保持冷静、灵活应对和及时沟通等策略来有效处理，以确保比赛顺利进行或尽可能减少产生的不利影响。以下是一些具体建议。

## 一、充分准备

### （一）心理准备

提前设想可能遇到的突发情况（如设备故障、时间压力、意外挑战等），并做好心理准备。保持积极乐观的心态，相信自己能够克服困难。

### （二）物质准备

检查并携带必要的比赛工具和备用品，如备用设备、文具、急救包等。对于依赖特定设备的比赛，应确保有备用方案或替代方案。

### （三）技能准备

不断提升自己的专业技能和应变能力，通过模拟训练、学习前人的经验等方式，提高应对突发情况的能力。

## 二、保持沉稳与判断

### （一）情绪管理

首先，参赛者需要保持冷静，避免恐慌和过度紧张。深呼吸、简短冥想或心理暗示等方法有助于平复情绪。参赛者可以学习放松技巧（如深呼吸、冥想、渐进性肌肉松弛法等），以在紧张时刻快速恢复平静；应认识到压力和焦虑是比赛中的正常反应，并学会将其转化为动力。

（二）快速评估

迅速对突发情况进行评估，判断其性质、严重程度及可能的影响范围，为后续的应对措施提供依据。

## 三、迅速采取应急措施

（一）保持冷静

当遇到突发情况时，首先要保持冷静，避免情绪化反应，深呼吸、短暂闭眼等放松技巧有助于平复心情。然后迅速评估情况，判断其严重性和影响范围，以便做出合理的决策。

（二）灵活应对

在参赛过程中，可能会遇到一些突发情况，参赛者应根据突发情况的具体性质，灵活调整比赛策略。例如，若设备故障，则立即启用备用设备；若时间紧迫，则优化工作流程以提高效率。参赛者应创造性地解决问题，不拘泥于原计划，勇于尝试新方法或新思路。当遇到设备故障之类问题时，如果比赛主办方出面解决会更好；如果比赛主办方不出面解决，便需要参赛者随机应变。优秀的应变能力会获得观众更多的信任，并增强参赛者的自信心。

（三）及时沟通

参赛者应与比赛主办方负责人、主持人或其他参赛者保持沟通，及时报告突发情况并寻求帮助或建议。在团队比赛中，参赛者应与队友保持紧密联系，共同商讨对策，确保信息畅通无阻。

（四）积极寻求支持

参赛者如果遇到自己难以解决的突发情况，要寻求外部支持。指导教师、家人、朋友的建议和鼓励都可能成为参赛者克服困难的重要力量。

（五）技术应对

对于技术类突发情况（如设备故障），参赛者可以尝试使用备用设备或采取其他技术手段进行修复或替代。

（六）心理调适

参赛者应保持积极乐观的心态，相信自己能够克服困难，通过自我激励、与队友或指导教师沟通等方式，调整心理状态，保持竞技水平。

（七）团队协作

在团队比赛中，参赛者应与队友保持密切联系，共同商讨对策，进行分工合作，确保团队能够迅速、有效地应对突发情况。

（八）记录与反思

比赛结束后，参赛者要记录突发情况及其处理过程，总结经验教训，这有助于未来他们更好地应对类似情况。参赛者可以反思自己在处理突发情况时的表现，认识到自身的不足之处，并制定相应的改进措施。不断的学习和实践，能够提高参赛者的应变能力和竞技水平。

总之，在比赛中遇到突发情况时，参赛者应采取一系列迅速而有效的措施来应对，以确保自身安全、维护比赛秩序，并尽可能减少对自己的不利影响。通过以上措施，参赛者可以逐渐提高自己的应变能力，在比赛中更加从容不迫地面对各种挑战。这些措施有助于确保比赛顺利进行，以及保护参赛者的安全并提升他们的竞技水平。

# 第四节　如何处理比赛中的紧张或冷场现象

在比赛中出现紧张或冷场现象是很常见的：有的参赛者会突然忘记下一句该说什么而出现几秒的冷场；有的参赛者会因为太紧张而出现卡壳、结巴、重复等现象；还有的参赛者因为过于注意评委的某个表情（如皱眉）或行为（如刷手机）而走神，不能流畅地过渡到下一环节，从而出现冷场。这些现象虽然比较常见，但略显尴尬，甚至会影响比赛的最终成绩。面对这些现象，参赛者可以通过以下一些策略来应对并克服。

## 一、深呼吸与放松

参赛者可以尝试进行几次深呼吸来放松身体和心情。深呼吸有助于降低心率，减轻紧张感。同时，参赛者可以尝试通过一些放松技巧（如冥想、渐进性肌肉松弛法等）来帮助自己放松。

## 二、积极的心理暗示

在国际中文教育教学技能大赛这一充满挑战与机遇的舞台上，每名参赛者都如同即将奔赴战场的勇士，而积极的心理暗示便是他们手中最强大的精神武器。

积极的心理暗示具有强大的力量，它能够在潜意识层面为参赛者注入信心和勇气。当面对台下众多的评委和观众，紧张情绪难免会悄然袭来。此时，应不断地给自己积极的心理暗示，比如"我准备充分，具备出色的教学能力""我能够清晰地表达观点，有效地引导学生""我一定行！我一定可以！""我已经做了足够的准备，我能够应对这个挑战""紧张是正常的，但它不会阻止我发挥出色"。积极的心理暗示可以帮助参赛者调整心态、增强信心，让其内心逐渐平静下来，以更加从容自信的姿态迎接挑战。

从教学实践的角度来看，积极的心理暗示有助于参赛者更好地发挥教学水平。在参赛过程中，难免会遇到一些突发状况（如观众或评委提出刁钻的问题、教学设备出现故障、场面因紧张或走神等情况出现尴尬或冷场等），若我们拥有积极的心理暗示，能做到继续保持热情，积极乐观地进行比赛，就会将这些问题视为成长的契机，相信自己有能力巧妙应对。这种积极的心态会通过参赛者的语言、表情和肢体动作传递给观众或评委，营造出积极活跃的比赛氛围，进而增强比赛效果。

同时，积极的心理暗示有助于参赛者保持良好的心态面对比赛结果。无论最终成绩如何，都能让参赛者以平和的心态看待成功与失败。成功了，是努力和积极心态的回报；失败了，也能从中汲取经验教训，激励自己不断进步。切忌因小失误影响比赛后期的表现和评分。

在国际中文教育教学技能大赛中，参赛者应学会运用积极的心理暗示这一策略，相信自己，勇往直前，在赛场上绽放出更璀璨的光芒。

### 三、调整策略

如果比赛中出现比较尴尬的冷场局面，或者比赛节奏出现问题，参赛者可以在脑海里急速搜索接下来的环节，或者保持随机应变的能力对教学环节进行临时设计和改动。虽然这似乎有些冒险，甚至脱离了原本演练的轨道，但是为了救场不要害怕做出改变，灵活应对是比赛中很重要的一部分。在通常情况下，应对策略是增加提问环节、造句环节、游戏环节，即用互动打破冷场。灵活应对需要考验平时讲课基本功的积淀，随机应变也是评委最看重的能力之一，但前提是随机应变能带来更好的结果，而不是取得更差的效果。同时，个人应将注意力从结果转移到比赛过程上，专注于技术动作、战术执行和与队友的配合上。专注于可以控制的事情，可以减少对不可控因素的担忧和紧张。

### 四、寻求支持

与队友、指导教师或观众进行眼神交流，以获得他们的支持和鼓励，可以给参赛者带来力量和信心。如果参赛者感到特别紧张或冷场，可以寻求他们的帮助或建议。但如果参赛者经常感到比赛紧张或冷场，可能需要寻求专业的心理咨询或辅导。专业人士可以为参赛者提供更具体的建议和方法，帮助参赛者更好地管理比赛中的情绪和释放压力。

请记住，紧张是人之常情，几乎每个人在比赛中都会有所体验，关键在于如何学会应对和管理这种情绪。通过上述策略的实践和不断调整，参赛者可以逐渐增强自己的心理素质，在比赛中更加从容地展现自己的实力。

# 第二章 选题篇

随着全球化的不断推进，国际中文教育正逐渐成为连接不同文化和国家的重要桥梁。在国际中文教育教学技能大赛中，选题不仅是展现参赛者教学理念和教学水平的关键，更是影响评委和观众体验的重要因素。因此，本章将从如何确定选题、选题类型及选题注意事项方面入手，深入探讨国际中文教育教学技能大赛中的选题策略。希望通过阅读本章内容，参赛者能够更全面地了解国际中文教育教学技能大赛中的选题技巧，并在实际比赛中灵活运用这些技巧，以展现自己的教学才华和创新能力，从而在比赛中脱颖而出。

## 第一节　如何确定选题

在国际中文教育教学技能大赛中，选题是一个至关重要的环节，需要参赛者认真考虑和衡量。选题得当，可以为比赛奠定良好的基础，助力参赛者取得优异成绩。选题不仅关系到参赛者能否充分展示自己的教学能力和创新思维，而且能够直接影响评委对参赛者的评价和比赛的最终成绩。

### 一、确定选题的原则

（一）易掌控原则

当选题未超出参赛者的专业知识范围，完全在其熟悉的知识体系内时，参赛者不仅能更好地驾驭选题，而且能了解这个选题的内涵和外延，可以讲得非常出彩。

（二）紧扣教学主题与大纲

选题一定要紧密围绕国际中文教育的核心内容和教学目标（如汉语语音、词汇、汉字、语法、文化等），确保教学方向明确。可以参考相关的教学大纲或课程标准，确保选题内容在规定的范围内，同时，选题应具有一定的深度和广度。

（三）具有难度和挑战性

在国际中文教育教学技能大赛中，选题不宜过于简单，应尽量展现具有难度和挑战性的内容，这样，不仅能提升参赛者的教学水平，而且能吸引评委和观众的注意力，更好地展现参赛者的专业素养和创新能力。选择具有难度和挑战性，有利于参赛者个性的发挥，可以方便参赛者采用更多的教学策略和方法来应对挑战，对内容进行拓展和延伸，使内容被精彩生动地展示出来，从而做到讲得饱满、讲得流畅、讲得精彩。

（四）注重实用性与针对性

选题应当紧密围绕国际中文教育的实际情况，贴近实际教学需求，能够解决学生在中文学习过程中遇到的实际问题，提升他们的语言应用能力。实用性能够体现参赛者的教学技能和实践能力。针对不同水平、不同国籍的学生，选题应具有针对性，能够满足他们特定的学习需求。应讲解真正能使学生受益、值得传授的主题，而非空洞无实、华而不实的内容。

（五）创新性与前瞻性

鼓励参赛者在选题上有所创新，探索新的教学方法、教学内容或教学手段，这不仅能够激发学生的学习兴趣和积极性，而且能够吸引评委的注意力。选题应关注国际中文教育的发展趋势和未来方向，具有一定的前瞻性和引领性，能够推动国际中文教育不断进步。

（六）可操作性与可评估性

在国际中文教育教学技能大赛中，倾向于选择可操作性较强的选题，比如有些比较抽象的选题，若不在参赛者驾驭范围内，则应尽量避开。比赛现场的选题应易于实施和操作，教学资源丰富且易于获取，教学方法切实可行，能够使参赛者在规定的时间内完成教学任务。在确定选题过程中，参赛者可以参考相关的教材、教学大纲、课程标准及最新的研究成果和教学案例等资源，以确保选题的合理性与科学性。选题应具有明确的评估标准和评价方法，能够客观、准确地评价教学效果及学生的学习成果。

## 二、确定选题的建议

### （一）明确比赛要求和目标

首先，参赛者需要仔细阅读比赛通知和相关要求，明确比赛的主题、教学内容、目的与形式、时间限制及评分标准等具体要求。这有助于参赛者把握选题的方向和重点，做到有的放矢，确保所选题目符合比赛规定，避免因为题目不符合要求而被淘汰的情况发生。

### （二）结合个人兴趣和专长

在确定国际中文教育教学技能大赛选题环节，精心选择一个既契合个人兴趣又彰显自身专长的主题，是迈向成功的重要一步。

个人兴趣是选题的核心驱动力。当参赛者对某个主题充满热情时，会自然而然地投入更多精力去钻研。例如，若对中华优秀传统文化中的传统手工艺（如剪纸、刺绣等）有着浓厚兴趣，则可以围绕"国际中文教学与传统手工艺文化传播"这一主题展开。在备课过程中，兴趣会促使参赛者主动收集丰富多样的资料，从历史渊源到制作工艺，从文化内涵到现代传承，每个细节都可成为教学素材，让课堂充满生动的故事和鲜活的案例，激发学生的学习热情。

专长是确定选题的有力支撑。每个人的专业背景和技能特长不同，有的人擅长语言教学，精通多种教学方法；有的人具备跨文化交际能力，能巧妙化解文化冲突；还有的人擅长多媒体技术应用，善于利用现代科技手段辅助教学。如果擅长运用游戏化教学法，那么"游戏化教学在国际中文词汇教学中的应用"便是一个不错的选择。凭借自身对游戏化教学的深入理解和丰富实践经验，能够设计出富有创意和趣味性的教学活动，让学生在轻松愉快的氛围中高效学习中文词汇。

在确定国际中文教育教学技能大赛选题过程中，参赛者应将个人兴趣与专长相结合，可打造出独具特色的教学方案，展现出扎实的专业素养和独特的教学魅力，为取得优异成绩奠定坚实的基础。

（三）关注国际中文教育的发展趋势和需求

随着全球化进程的加速和中文国际地位的不断提升，国际中文教育的需求也在不断变化和发展。参赛者在确定选题时，可以关注当前国际中文教育的热点问题和发展趋势，如数字化教学、跨文化交际、中华才艺融入等。如果参赛者目前无法选择适合自己的选题，那么不妨紧跟时代脉搏，融入时代热点，选择具有前瞻性和实用性的题目，以展现其前瞻性和敏锐度。时代热点是教学内容与社会发展紧密结合的桥梁。在选择比赛选题和教学内容时，参赛者应积极关注当下国家政策、社会发展、行业动态等方面的信息，将时代热点融入教学内容中，增强教学的现实意义和吸引力。

（四）确保题目具有代表性和挑战性

良好的选题应具有一定的代表性和挑战性。代表性意味着所选题目能够反映国际中文教育的某个重要方面或热点问题；挑战性要求所选题目具有一定的难度和深度，能够考察参赛者的教学能力和创新思维。这样的题目不仅能吸引评委的注意力，而且能激发参赛者的学习热情和探索欲望。

（五）参考优秀选题案例

在选题过程中，参赛者可以通过各种渠道搜集前人优秀的教学案例或者获奖视频，并进行总结梳理，认真学习，适当参考。分析前人都选择了哪些题目、如何进行讲解、如果换成自己能否讲得好、如何比前人讲得更好等，从中汲取灵感和经验教训。这有助于参赛者拓宽视野、开阔思路，避免重复劳动和走弯路；同时，能为参赛者提供有力的案例支撑和实践指导。

（六）注重教学创新，彰显个性特色

教学创新是教学能力比赛的关键。在选择选题与教学内容时，参赛者应积极探索、创新教学方法，勇于尝试新颖的教学模式，将自己的教学理念和个性特色融入教学内容中，打造独具特色的教学作品。也就是说，在选题与教学内容中，既可以融入参赛者丰富的教学设计、教学内容和形式，也可以彰显参赛者的个性特色，从而激发学生的学习兴趣和参与度，增强教学效果和吸引力。参赛者要避开过于简单、单薄的选题，因为这类选题不易融入太多精彩的内容，无法更好地展现自己的教学能力。

# 第二节　选题的类型

一般情况下，国际中文教育教学技能大赛的选题有以下三种类型。

第一类是固定式选题，即比赛会指定讲课范围。有的比赛是直接给出固定的课文题目，并大致列出教学重难点，让参赛者挑选。这一类选题相对容易操作，参赛者直接从中选取自己喜欢的题目即可，也不用担心重复选题，原因有如下两个方面。第一，在固定式选题中，重复是不可避免的；第二，即便和其他组重复了，也好做对比，看看自己和别人间的差异表现在哪些地方，是一个拓展自己教学能力的好机会。固定式选题就像指定作文题目一样，若准备充分，则取得理想成绩的概率较高。一些省级的比赛便是这种选题类型。

第二类是半开放式选题，即比赛不限定具体的课文题目，不给出具体的课文材料，而是直接让参赛者选择语法类或文化类进行展示，具体讲什么内容、选哪门课和哪本教材都由参赛者决定。这类比赛有一定的风险，选题选择的范围较广，比赛时不易把控。

第三类是开放式选题，即对所讲内容不做要求，也不指定任何题目，纯粹让参赛者自选，只针对讲课时间、提交要求进行限定。这类选题是最自由的，也是最不好入围的。例如，有的参赛者选择了有意思的文化课，而有的参赛者选择了某个语法点，那么这二者放在一起可能较难做对比，因为除了教学技能对比，还可能存在运气成分。开放式选题的风险系数是最高的，且不易入围。例如，一些面向全国的比赛，选题应根据比赛要求、个人专长和目标受众进行调整和完善。同时，参赛者在准备过程中应注重教学设计的科学性、实用性和创新性，展示自己在国际中文教育教学领域的专业素养和创新能力，以确保在比赛中能够脱颖而出。

# 第三节　确定选题的注意事项

## 一、符合比赛要求

参赛者一定要仔细阅读比赛通知和相关文件，确保所选题目符合比赛的主题、教学内容、形式和时间限制等具体要求，确保不偏离比赛的核心目标。

## 二、明确目标与定位

第一，考虑教学对象。参赛者应明确教学对象（如初级学习者、中级学习者、高级学习者），以便使所选题目能够贴近教学对象的实际需求和水平。或者说，参赛者更倾向于教哪类的学习者，可以按照这类学习者的要求确定自己的选题。

第二，确定教学目标。参赛者应明确希望通过这次讲课达到什么样的教学目标，如是提升语言能力、增加文化知识还是培养学习兴趣等。如果一个选题让参赛者感觉难以厘清教学目标，那么说明这个选题自己很难驾驭，很难将它讲得出彩。

## 三、选择有吸引力的主题

### （一）热点话题

参赛者可以选择与当前社会、政治、经济或文化热点相关的选题，这样能够引起观众的兴趣和关注，如新媒体语言现象、网络流行语等。

### （二）实用性

参赛者可以选择具有实用性的选题（如口语交流技巧、写作技巧等），让学生能够在日常生活中直接应用。

### （三）趣味性

参赛者可以适当增加选题的趣味性，如通过故事、笑话等方式引入话题，提高课堂的互动性和趣味性。

## 四、具有教学价值

选题应具有教学意义，能够展示参赛者在国际中文教育教学方面的能力和创新。参赛者可以选择能够引发学生兴趣、促进学生语言技能和文化理解的题目。选题应具有一定的教育意义，能够帮助学习者了解和学习新知识，增强他们的综合素质。

## 五、注重文化敏感性

在选择涉及文化内容的题目时，要确保内容准确、恰当，避免文化误解或冒犯。选题应尊重不同文化，并融入多元文化视角，以促进跨文化交流和理解，同时要考虑创新性与独特性。

## 六、评估可行性与适应性

### （一）可行性分析

评估选题在实际教学中的可行性，包括教学资源的获取、教学方法的实施等。确保有足够的资源和材料来支持该选题的教学，并能够在规定的比赛时间内有效实施。

### （二）适应性调整

根据教学对象的特点和需求，对选题进行适当的调整和优化，以提高教学的针对性和有效性。

## 七、具有创新性和独特性

参赛者可以尝试选择新颖、独特的题目，避免与常见的、过于传统的教学内容重复。创新性的选题能够展示参赛者的创造力和对国际中文教育教学的深入思考。

## 八、考虑时效性

选择与时俱进、具有时效性的题目，反映当前国际中文教育的发展趋势和热点话题，这类选题能够展示出参赛者对行业动态的敏锐洞察力。

综上所述，在国际中文教育教学技能大赛中，确定选题是至关重要的环节。确定选题时，需要综合考虑多个方面的因素，以确保选题既具有吸引力，又具有教育意义，同时能够满足教学对象的实际需求和达到评委的评价标准。

# 第三章　教学技能篇

　　教学技能的提升不仅是教师个人成长的关键，更是推动国际中文教育高质量发展的核心要素。教学技能作为国际中文教育教师的核心竞争力，不仅关乎知识的传授，更关乎如何激发学生的学习兴趣、培养他们的跨文化交际能力。一名优秀的中文教师，不仅要精通语言知识，更要掌握科学的教学方法，能够灵活运用各种教学策略，以适应不同学生的需求和学习环境。参赛者在展现教学技能时，应对教学充满热情，以饱满的精神状态投入到教学中，感染并激励学生积极参与课堂活动。参赛者应展现自己的个人魅力与亲和力，营造积极、和谐的学习氛围，全面而生动地展示自己的教学能力和专业素养。本章主要包括说课、组织教学与课前复习环节、导入新课、讲解新课、巩固总结、布置作业六个部分，这六个部分是比赛的主体部分。以下是对这六个部分的详细建议与解析，旨在帮助参赛者更好地准备和实施每个环节，全面提升教学技能。

## 第一节　说课

　　说课是教师一项重要的教学技能，掌握好说课技巧，可以让教学变得更加高效和生动。在国际中文教育教学技能大赛中，参赛者要确保说课内容全面、条理清晰、富有吸引力，并能够有效展示自己的教学技能。丰富说课的表达技巧是参赛者在说课过程中展现教学能力和专业素养的重要环节。参赛者需要具备清晰、简洁、准确、生动的表达能力，能够将抽象的教学理念和实践经验转化为易于理解的言语形式。说课的主要目的是"说清楚"，做到"说全、说深、说透、说新"，还要让观众能够"听明白"，做到"听清、听懂、听了有思考、听了有收获"。本节内容从说课的建议和说课的注意事项两个方面入手，旨在帮助参赛者更好地提升说课技能。

## 一、说课的建议

### （一）时长和语速

在国际中文教育教学技能大赛中，说课的时长和语速是需要特别注意的环节。合适的时长和语速有助于评委和观众更好地理解与接受说课内容，同时能够展现参赛者的专业素养和教学能力。

1.说课时长

参赛者要严格遵守比赛规定的说课时间，避免出现超时或时间不足的情况，应在有限的时间内充分展示自己的教学理念和技能。对于说课时长，比赛主办方一般规定时间为3分钟以内，建议参赛者提前10秒左右结束说课。在说课过程中，参赛者要做好时间管理，为说课过程的各个环节设定合理的时间限制，确保整个说课过程紧凑有序。同时，参赛者要把握说课节奏，根据说课内容的难易程度和观众的反应情况灵活调整说课节奏，确保在规定时间内完成说课环节。这要求参赛者要高度熟悉说课内容。

2.说课语速

（1）语速的适宜范围。根据公开发布的信息，人耳对语言的接收程度（即辨析率）为每秒四五个字，即每分钟240~300字，这是正常情况下使用汉语表达意义和传播信息的语速范围。然而，在实际教学中，特别是说课环节，语速可能需要略做调整。一般情况下，建议说课时的语速控制在每分钟200~240字，并根据说课内容的难易程度和重要性对语速进行适当调整。同时，要注意停顿和重音的运用，以及观察观众的反应，以确保说课内容的有效传达，确保评委和观众有足够的时间来理解及消化说课内容。若说课语速过快，则可能会导致评委和观众难以理解；若说课语速过慢，则会使内容显得冗长拖沓。

（2）语速调整的策略。在说课过程中，如果参赛者意识到自己的语速不合适（如语速过快或者过慢），可以从以下三个方面进行调整。

第一，根据内容调整语速。在说课过程中，参赛者可以根据说课内容的难易程度和重要性调整语速。对于重难点内容或需要特别强调的部分，可以适当放慢语速，以便观众更好地理解和记忆；而对于相对简单或次要的内容，则可以适当加快语速，以保持说课的节奏感和连贯性。

第二，注意停顿和重音。在说课过程中，适当的停顿和重音可以帮助观众更好地理解说课内容。在阐述关键信息或进行逻辑转换时，参赛者可以适当停顿一下，以引起观众的注意。同时，对于需要特别强调的词汇或短语，参赛者可以通过加重音量或延长发音时间来突出其重要性。

第三，观察观众反应。在说课过程中，参赛者要时刻关注观众的反应。如果发现观众对某部分内容表现出困惑或不解，可以适当放慢语速或进行解释说明，这样可以确保说课内容的有效传达和观众的充分理解。

（二）明确说课内容与目标

参赛者需要在说课中深入研究选题材料，清晰阐述本节课的知识与技能目标、过程与方法目标及情感、态度与价值观目标，确保教学目标具体、可测、可达成，明确说课内容的重难点，确保说课内容紧密围绕教学目标展开。需要注意的是，参赛者要用简洁明了的语言阐述本节课的教学目标，包括知识、技能、情感态度等方面的目标，让观众一听就懂；还要分析学情，了解学生的语言水平、文化背景和学习需求，以便因材施教。

（三）注重说课稿的撰写与修改

近几年，国际中文教育教学技能大赛的各类赛事中关于说课稿的要求各有不同。有的比赛要求提交说课稿，但不要求展示；有的比赛不要求提交说课稿，但要求正式开讲前留几分钟说课；还有的比赛既不要求提交说课稿，也不要求展示说课稿。据不完全统计，大部分比赛不要求提交说课稿，更多的是直接在讲课前用PPT展示，并根据展示进行评分。对于需要提交说课稿的比赛，参赛者需要精心撰写说课稿。在撰写说课稿时，要注重内容的逻辑性和条理性，用简洁明了的语言阐述教学思路和方法。

首先，通读选题材料，准备说课提纲，找出重难点[通常是生词（8~10个）和语法点（2~3个），往往出现频率较高的就是本节课的教学重难点]。有的比赛会指定教学重难点，这样就不用参赛者去找重难点。

其次，根据教学材料，设定教学对象、明确教学目标、确定教学步骤和教学方法等。例如，根据选题材料，将某篇课文的教学对象设定为学习了2~3个月汉语、掌握300~400词的欧美成年留学生。最好界定学习者的年龄特点、国籍、文化背景、汉语水平等。总之，参赛者需根据拿到的教学资料对教学对象进行判定。参赛者需要根据教学资料的语法点来判断教学对象的汉语水平，还要看教学资料的主题是什么，围绕与主题相关的一系列生词、语法、课文、涉及的文化知识点等来确定自己的教学内容。确定教学内容后，才能从内容中逆推出目标，然后通过这些内容让学生掌握相应的知识与技能（语言内容）及文化内容，从教学内容中再选出教学重点（一般是教学资料里出现频率较高的重点语法和句型）。而教学难点是指复杂句子、有母语干扰的字词发音或者语言点、汉语中特定的搭配等留学生不容易掌握及容易犯错的地方。

再次，把课时长度、课时安排、教具准备、教学方法等都写在教案里。对于课时长度，一般初中级的课文，如果不是特别复杂的，都写2课时，每课时45~50分钟即可。教具准备是指上课过程中用到哪些实物、图片或其他教具。教学方法是指参赛者会用到的不同流派的教学法，如任务型教学法、交际法等。具体教学方法有很多：①生词常用直接释义法、图示法、语素法、拓展法、情景法等；②语法讲解常用导入、讲解、板书、操练等步骤，操练是重中之重，可使用直接体验法、例句法、总结归纳法、板书对比法等；③课文常用听课文、领读、分角色朗读、问答、复述、小组活动模拟场景操练等。

最后，撰写教学步骤，这是撰写说课稿最重要的部分，要撰写教学步骤，即讲课流程，先做什么后做什么，一定要写清楚。撰写教学步骤一般是从组织教学开始写，先写明是问候，还是点名；然后写如何导入、导入后如何讲解新课、新课讲完如何操练、学生应如何学习，以及操练完如何复习巩固、如何布置作业、如何设计板书等。但是又要与写教案区别开来，写教案是很详细地去写每个步骤，甚至是教师与学生的问答环节都要写清楚，而说课稿不用写得那么详细，只需把大概的流程步骤写出即可。如果不要求交说课稿，那么参赛者在PPT展示中要说清楚大致的教学流程。教学流程包括基本的教学环节，如创设情景、揭示课题、知识点的处理方式、教学手段的运用、使用的教具、练习题的设计、学法指导等。

一般情况下的教学步骤举例：

①师生问好，点名，组织教学；

②复习环节，复习可以有听写、问答、汇报等；

③导入环节，根据材料主题用提问、动画短片、图片、游戏等方式导入新课；

④学习新课，包括生词、语法、课文、文化知识点，讲解过程中注重教学方法和板书，以及与学生间的互动；

⑤组织活动练习，讲解完毕后，一定要安排复述课文和小组活动进行练习；

⑥复习总结和布置作业，展示板书设计；

⑦结束后致谢，正式进入讲课环节。

需要强调的是，参赛者撰写完说课稿后，要多读几遍，检查是否有不自然或不通顺的地方，是否有错别字、语法错误等问题。要反复修改和完善说课稿，确保语言准确、流畅、生动，建议多根据实际操练进行修正。可以请同事或朋友帮忙试听并提出意见，以便进一步完善说课稿。说课稿要与参赛者讲课环节的主干保持一一对应、前后一致。说课稿中千万不要遗漏板书设计环节。参赛者要不断学习新的教育理念和教学方法，提升自己的专业素养和教学能力。

当然，也有些比赛是忽略说课环节的，故而参赛者一定要反复阅读比赛通知，认真审题，不要做无用功。

## （四）精心设计说课流程

### 1.说课结构

参赛者要遵循一定的逻辑顺序，将说课要素讲完整。一般说课结构包括教材、所讲题目、教学对象、学时、学情、教学目标、教学内容、教学重难点、教法和学法、教具、教学步骤等。要确保每个环节都紧密相连，形成一个完整的说课体系。如果比赛已经指定了教学材料，那么参赛者需要报告自己选择的内容和题目。如果是参赛者找的某本教材中的某篇课文，那么需要说清楚选取哪本教材中的哪篇课文的第几课时。

### 2.说课流程

首先，需详细阐述教学流程中的各个环节，如导入新课、新课讲授、巩固练习、课堂小结、布置作业等。在说课过程中，一定要突出教学重难点，并阐述清楚用哪些教学方法和教学策略对重难点进行突破。

其次，强调师生互动和学生参与，展示以学生为中心的教学理念。

一般情况下的说课流程举例：

尊敬的各位评委老师大家好！我是来自××大学的×××，我的选题是×××，所使用教材是×××（如果时间充足，可以说教材的版本、年级、学期、第几单元和第几篇课文；教材在全册、整个学制中的作用与地位；教材讲述的是什么内容，有什么用意和意图等）。本节课的教学对象是×××，学时分配为×课时，教学目标是×××，教学内容是×××，教学重点是×××，教学难点是×××（教学重点与难点的呈现一定要准确）。本节课使用的教学法有×××，学生的学法有×××，教具准备是×××，教学步骤为×××。

对于教学步骤，参赛者既可以用语言口述，也可以采用流程图的方式表达，把从组织教学到布置作业的环节都展示清楚。教学步骤流程见图3-1。

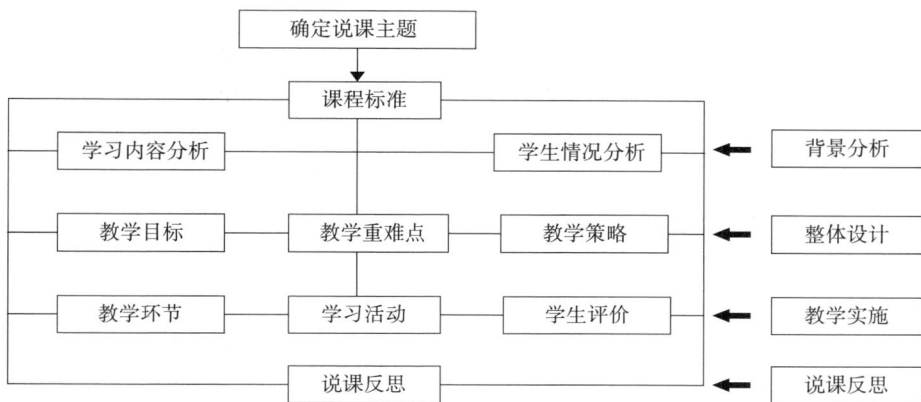

图3-1　教学步骤流程图

以教学目标举例：

本课的教学目标是……

词语：能够准确掌握……的意义和用法；

语言点：掌握……的结构和功能，并完成语法练习活动；

课文：能够理解、复述并活用课文；

文化：让学生会谈论……。

教学目标可以分为三个领域来讲：知识与技能，过程和方法，情感、态度与文化。参赛者既可以从每个角度进行陈述，也可以用自己的语言进行阐述。

具体举例如下：

本课的教学内容可分为语言内容和文化内容两部分：语言内容主要包括……，以及一篇对话体课文；文化内容主要包括……。其中，程度补语既是本课的教学重点，也是本课的教学难点。本课教学计划用2个课时共100分钟来完成。

下面介绍具体的教学步骤。

第一，师生问好，组织教学。

第二，对上节课的内容进行简单的复习，并通过……导入新课。

第三，学习新课，依次讲练生词、语法，处理课文。首先是生词讲练部分，将重点讲练×××生词；其次是课文部分，先领读再分角色朗读，通过问答的方式检查学生是否理解，然后引导学生看图复述课文；最后是小组活动，两人一组，……并进行表演。

在本课中用到的教学方法有……［说明在课堂设计中运用了哪些教学方法（如探究、讨论、实验、情景模拟、谈话法、对话法、小组合作等），运用的目的是什么，要达到怎样的效果。］

阐述学生的学法。（根据新的教学理念，倡导自主、探究、合作等学习方式，让学生在亲身体验中去感悟，在合作操作中去领悟归纳，充分培养学生的参与意识和合作意识。）

（注意强调教师的教与学生的学如何有效地组织在一起，通常有小组合作交流、独立自主交流等。）

阐述教学流程。（这也是说课的重要部分之一，一般分为导入、新授、拓展、小结。在该过程中，不仅要说怎么做，更重要的是说为什么要这么做，也就是既要说流程，又要说理论。）

（最后，对本节课主要内容进行小结，并布置作业。展示板书设计。）

说课完毕，感谢各位评委老师的倾听！下面进入讲课环节。

（然后进入正式讲课的部分。）

以上是说课的大致流程，参赛者可以根据自己的语言风格组织陈述。同时，一定要私下多练习，并控制好时间。在时间充足的情况下，可以重点表述教学目标，即认知目标、文化目标、情感目标等；在时间紧张的情况下，可采用上述模板来节约时间；若想更全面，又不想一一口述，则可以采用流程图的形式，只说主要条目，其余内容点击播放让观众看即可。这样，既全面又省时。总之，参赛者私下演练时一定要遵循按时、准确、流畅的原则，以确保上台说课时自然大方。

（五）说课的展示与制作

目前，大部分的说课展示是播放 PPT 课件，很少有参赛者带着稿子当场读说课内容的情况，少部分参赛者会脱稿直接当着评委面阐述说课内容。那么，如何合理利用 PPT 课件成为一项重要技能。首先，参赛者制作的 PPT 要尽量简洁、大方、精美，切忌满屏都是字或照着 PPT 课件念。如果 PPT 上字数太多，可以考虑分屏处理。在 PPT 中可以按照自己的需求添加图片、动图、动画、音频、视频等元素，还可以直接制作流程图，然后根据流程图来口述说课的内容，相当于提词器。用 PPT 进行说课展示，也需要参赛者私下进行反复练习，做到时间上把握精确、内容上讲解熟练，确保上场后不要因为紧张而结巴忘词、遗漏内容或表达失误。PPT 制作技术不佳的参赛者可以去各大网站搜寻相关知识进行学习。总之，宗旨是要使说课内容更加直观、生动、流畅，做到别具一格、超越对手。本书第四章"录制篇"会详细介绍说课的制作方面。

（六）注重语言表达技巧

1.表达要准确

在通常情况下，说课只有3分钟时间。参赛者在说课时务必做到普通话标准、用词准确。参赛者应使用准确、专业的词汇来描述教学内容和教学方法，避免使用模糊或歧义的语言。应准确使用学科术语，并注意语言的逻辑性和连贯性，确保说课内容清晰易懂。在语言表述过程中，参赛者要注意语言的流畅性，避免口头禅、重复语句等不良习惯。在说课过程中，参赛者可以适当通过一些肢体语言（如手势、面部表情等）来增强表达效果，使说课更加丰富、生动且具有感染力。参赛者要与观众保持适当的眼神交流，展现自信与亲和力，同时观察观众的反应，及时调整表达策略。尽量避免使用过多的专业术语和复杂句式，确保评委和观众能够轻松理解。在教态上，参赛者要保持自信、大方的姿态，展现出良好的教师形象。

2.音量要适中

在说课过程中，参赛者要注意对语速、语调和音量的控制，保持语速适中，避免因过快或过慢而使观众无法跟上说课节奏。语调尽量抑扬顿挫。音量应适中，既不过大也不过小，以确保观众能够清晰听到并理解参赛者的讲解，增强表达效果。另外，说课时参赛者要具有自信舒适的气势。如果参赛者太紧张，可以想象自己是培训教师，下面坐着的都是来向自己学习的，这样可以缓解紧张情绪，甚至会增强自信。说课时，参赛者还要做到扬长避短、突出特色，在不影响教学内容和教学目标的前提下，认为自己擅长的地方可以多说一些，不擅长的地方可以少说一些。在语调上，尽量不要使用读书腔，不要盯着发言提纲读稿子，说课时尽量口语化一些，突显自己的特色和活力。需要注意的是，口语化不等于啰唆或冗长，而要保持语言的简洁性和条理性。参赛者可以采用列点或分段的方式来组织说课内容，使条理更加清晰。说课时，语调要有轻重缓急，语速要适中，尽量抑扬顿挫；环节与环节过渡时，要有适当停顿；板块与板块之间的过渡，可以用"以上是第二板块，接下来，说说第三板块"之类的语句进行衔接，给人一种自信从容、有条不紊的观感。

3.用语要礼貌

在说课过程中，参赛者应使用文明、规范的语言，避免使用粗俗、不雅的词汇或语气。同时，要尊重每名观众（包括评委和学生），积极与他们进行互动和交流。参赛者要学会扬长避短：若朗读好，则可以在某个合适的段落范读课文；若板书好，则可以适当展示自己的粉笔字。反之，若粉笔字稍差，则少写板书；若朗读缺乏表现力，则尽量不范读。

（七）说课时的着装、礼仪、手势

在国际中文教育教学技能大赛说课中，着装、礼仪和手势是展现教师专业素养和教学风采的重要组成部分。参赛者的着装需要和比赛场合的风格相匹配。在说课过程中，参赛者穿着整洁、得体的服装，不仅可以展现良好的职业形象，更是对比赛重视的体现。避免穿着过于随意或暴露的服装，以免分散观众的注意力。在本书第五章将会详细介绍着装与礼仪，这里只笼统概述。

在着装方面，首先，不建议穿太休闲的衣服。有些参赛者由于平时习惯穿休闲装，因此会认为只有穿休闲装才能给自己带来一种松弛感，让自己超常发挥，并认为课讲好了就可以，没人在意着装。其实不然，着装也是一个人综合素养的一部分，着装应和场合相匹配，和所做事情相协调。太休闲的服装会让参赛者显得散漫、态度不认真，也会给评委留下不重视比赛的印象。因此，参赛者要重视穿着搭配，着装大方、得体，避免因着装不合适而丢失印象分。

其次，不建议穿太正式的服装。过于正式的服装会让参赛者显得有些拘谨。有的参赛者穿上太正式的服装，再搭配紧张严肃的表情，会给人一种压抑的感受。还有的参赛者因为平时不穿很正式的服装，一旦穿上后反而给自己平添了很多拘谨和压力，变得不会说话、不会讲课了。如果太正式的服装会消减很多灵感和自由发挥的空间，那么这种情况下更不建议穿太正式的服装。

最后，建议参赛者穿半正式或倾向于正式的服装。尽量避开太休闲和太正式两个极端，走中间路线，穿一些既不太休闲又不太正式的服装。这样，既不失稳重，又不会显得太拘谨，有利于比赛中的自由发挥。

对于男性参赛者而言，一套剪裁合身的西装是不错的选择。西装颜色以深色系（如藏青色、深灰色或经典黑色）为宜，这些颜色沉稳大气，能展现出专业与严谨。内搭一件简洁的白色衬衫，领口挺括，可搭配一条素色或带有简单暗纹的领带，为整体造型增添一份精致感。下身穿着与西装同色系的西裤，裤线笔直，裤脚长度适中，搭配一双干净的黑色皮鞋，鞋面保持光亮。这样一套装扮既符合半正式的要求，又能凸显男性的干练与自信。

女性参赛者有更多的搭配选择。一件剪裁得体的连衣裙是很好的选项，长度以过膝为宜，材质可选择棉质、丝绸等，颜色以淡雅的色调（如浅蓝色、米白色、淡粉色等）为主，展现出温柔与知性；也可选择西装套装，但与男性西装有所不同，女性西装在款式上可以更加多样化（如收腰设计、七分袖等），内搭简约的衬衫或针织衫，搭配一双中跟的皮鞋，既舒适又不失优雅。参赛者可以化淡妆，但不建议佩戴很夸张的饰品等；也不建议穿过高的高跟鞋，以免发出噪声或行动不便。

无论男女，都要注意服装的整洁与合身，服饰要搭配和谐，避免过于花哨或夸张的装饰。参赛者主要以干净清爽、简单大方、整洁干练的气质为主。切忌衣冠不整及穿得花里胡哨、太过时髦等，整体着装最好不要超过三种颜色。同时，保持良好的个人卫生，发型整齐，妆容淡雅。合适的半正式着装能够让参赛者以最佳的精神面貌投入到比赛中，给评委和观众留下良好的第一印象。

在礼仪方面，首先，仪态要端庄。在说课过程中，参赛者应保持端庄的仪态，站姿挺拔，坐姿稳重，避免晃动身体或做出不雅的动作。同时，面部表情应自然、亲切，保持自信、从容的仪态，以展现良好的心理素质和教学能力。无论什么着装，参赛者都要保持面部表情管理，要自信，尽量保持微笑、展现亲和力。有的参赛者因为紧张经常会表情失控，或者显得面部表情沮丧，在这种情况下，参赛者要私下对着镜子反复练习，使自己整体显得青春、阳光，充满朝气。

其次，语言要文明。在说课过程中，参赛者应使用文明、规范的语言，避免使用粗俗、不雅的词汇或语气。同时，参赛者应注意控制语速和音量，以确保观众能够清晰、准确地理解说课内容。建议普通话不标准的参赛者，在参赛前一定要抓紧练习普通话。在说课开始和结束时，参赛者应使用礼貌用语与观众打招呼和道别。例如，可以说"同学们好""感谢大家的倾听"等。

最后，要尊重观众。参赛者应尊重每名观众，包括评委和学生。参赛者在说课时应保持谦逊、友好的态度，积极与观众进行互动和交流；对于观众的提问和反馈，应给予认真、耐心的解答和回应。在说课时，参赛者应与观众保持适当的眼神交流，以展现对观众的关注和尊重。同时，通过眼神交流可以更好地传递信息和情感，增强说课的效果。参赛者需要和学生、评委有眼神交流，整个说课过程中建议和评委有5次以上的眼神交流。进入比赛现场的时候，要面带微笑，环顾所有评委，可以问候"各位评委，大家辛苦了"，也可以选择鞠躬，然后开始说课。说课时，最好选择站着说，尽可能不要坐着说，哪怕摆了张椅子，也尽量站着说。当说课结束时，要微笑着环视评委，说"谢谢各位评委，请多指正！"或选择再次鞠躬，之后退场。需要注意的是，临走的时候应把黑板擦干净，很多参赛者会忘记这一点，而是把黑板留给了下一名参赛者擦，这会给评委留下不好的印象，甚至会被扣分。如果可以，应做到不背对着评委扬长而去，而是尽量微笑着侧身出门，这些细节会加分。如果是录制视频提交参赛的，在镜头开始前或结束后的画面里都要有一个定住的直立站立和保持微笑的画面，并且保持黑板整洁，这一点也很重要。

在手势方面，参赛者也要极其注意。手势是通过手和手指活动传达信息的，不同的手势可以传递不同的信息。在说课过程中，恰当的手势能够增强表达效果，使说课内容更加丰富生动。有些参赛者在讲台上或者镜头前手舞足蹈、来回走动、手势频繁，这些都是不好的行为。我们提倡的原则是不能一直频繁地动，不然在现场或镜头中看上去都不够"定"和"静"；但也不能完全不动，这样不仅会显得僵硬、拘谨，而且会显得不够松弛、不够自信。当讲到重要的地方时，一定要有手势的辅助。手势的运用原则是要与说课内容紧密相关，避免无关紧要的手势，确保信息传递的准确性和有效性。手势的动作幅度不宜过大或过小，应根据说课内容和情境进行调整，以自然、得体为宜。注意手势在不同文化背景下的含义差异，避免使用可能引起误解或冒犯的手势。例如，一些典型手势要多加留意，在中国文化中，招手通常表示招呼别人过来，在说课中，可以用招手动作引导学生注意或邀请学生参与互动；跷起大拇指一般表示顺利或夸奖别人，在说课中，可以用来表扬学生的优秀表现或鼓励其继续努力；"OK"手势在一些西方国家表示"同意""顺利"等意思，在说课中，应谨慎使用，以免产生误解；等等。不会用手势的参赛者在平时应多加强手势和礼仪方面的训练，提高手势的协调性和表达力，以及礼仪的规范性和得体性。参赛者可以通过观看优秀说课视频、参加教学技能培训等方式进行学习和提升。

（八）加强实践锻炼与反思

参赛者私下一定要多练习说课，多录自己的说课视频，然后反复观看，给自己挑毛病。多去网页上搜索相关优秀说课视频，多观摩其他优秀教师的说课视频或现场说课，学习他们的表达技巧和教学经验。与其他教师进行交流研讨，分享自己的说课经验和心得，同时借鉴他人的优点和长处。参赛者通过不断努力和实践，可以逐渐提高自己的说课表达技巧，积累丰富的经验，展现出更加优秀的教学能力和专业素养。参赛者还要及时进行教学反思，总结经验和教训，不断完善自己的说课表达技巧。

## 二、说课的注意事项

参赛者在说课过程中要谨记一些注意事项（如教态要稳、要素要全、设计要新颖、条理要清晰、语言要优美、课件要有美感等），这样可以让观众更易理解教学内容，增强说课效果。

### （一）避免空谈理论

说课应紧密结合教学实践，避免因空谈教学理论和原则而缺乏具体实例和操作方法。要注重逻辑性，确保说课内容条理清晰、逻辑严密，避免出现自相矛盾或模糊不清的情况；要在说课过程中保持亲和力与感染力，与评委及观众营造良好的沟通氛围；要充分准备，提前进行充分的准备和演练，确保说课过程中能够自信、流畅地表达自己的理念和想法。

### （二）要素一定要全

既然是比赛，参赛者都是有备而来的，都是做了充分准备的。其实，很多比赛内容大同小异，那么这个时候如果要想胜出，就一定不要在基础和细节上丢分。因此，在说课过程中，所有要素都要说到，让评委看到你的要素是齐全的、内容是全面的、条理是清晰的，这样才能达到有效展示自己教学技能的效果。

### （三）课件要精致优美

在PPT课件制作方面，要做到精美、简洁、大方、直观，以更好地辅助说课内容的呈现。PPT课件的内容要与说课内容高度一致，避免出现脱节或重复的情况。有很多参赛者不关注PPT课件的制作和呈现，在很多细节上败给了其他参赛者。例如，有的参赛者的课件都是字，连动画切换、弹跳等设计也没有；有的参赛者的课件制作得不美观，要么字体很小，要么一页PPT上的排版不合理；有的参赛者给PPT设置了动画切换，但是设置得有些粗糙，使得个别字体被覆盖或被移位等。对于比赛，参赛者要做到百分之百的认真，在细节上认真打磨。参赛者可以先自己认真检查PPT课件，再请同学和指导教师从不同的角度去审视PPT课件，查找是否还存在不合适的问题，并随时完善。

俗话说，工欲善其事，必先利其器。形式是为内容服务的，因此参赛者要准备一份精美的PPT课件，要令PPT课件看起来赏心悦目、印象深刻，使他人能从PPT课件中看到自己的态度、审美和能力。所谓细节决定成败，在国际中文教育教学技能大赛中，一定要反复推敲每个细节，在心中反复演练，以达到最好的呈现效果。参赛者心中要有一个信念——既然参赛了，就要把比赛过程都做到极致。

### （四）突出教学特色与亮点

参赛者在说课过程中，不仅要尽量展现自己的教学特色和创新点（如独特的教学方法、教学工具或教学资源的使用、新颖的教学活动等），而且要强调自己的教学理念和教学风格，突出教学过程中的亮点（如精彩的师生互动、有效的学习评价等），以吸引评委和观众的注意力。

### （五）注意说课内容的原创性

说课内容一定是原创的。现在网上有很多说课稿件，一些参赛者为了方便而直接从网上下载说课稿件，并在比赛中使用。千篇一律的说课稿件很难在比赛中脱颖而出，很难得到高分。因此，建议参赛者的说课内容一定要原创，要有自己鲜明的特色。在规定的时间内，参赛者要流畅且声情并茂地阐述一节课的内容。注意是阐述，而不是讲授，语调上要注意抑扬顿挫，对于重难点，要把握好语气语调。在教学流程中，与学生对话的语言要描述得具有亲和力。

### （六）板书应与多媒体课件相辅相成

在信息化教学日益普及的今天，板书与多媒体课件的有效配合已成为提升教学质量、增强学生学习效果的重要手段。两者虽然形式不同，但是各有优势，若能巧妙融合，定能相得益彰。

板书，作为传统教学工具，其以直观性、灵活性和即时性，在课堂教学中发挥着不可替代的作用。教师可以通过板书清晰地展示知识框架、逻辑脉络，以及重难点的解析过程，帮助学生构建完整的知识体系。同时，板书能根据课堂实际情况灵活调整，以便及时捕捉学生的疑问和反馈，进行针对性的讲解和补充。这种动态生成的过程有助于引导学生跟随教师的思路，逐步深入理解知识。板书的书写过程本身也是一种示范，对于培养学生的书写习惯、逻辑思维有着潜移默化的作用。

多媒体课件以丰富的信息量、生动的表现形式和强大的交互功能，为教学注入了新的活力。图片、视频、动画等多媒体元素的融入，使课件能够直观展示抽象概念，模拟复杂过程，激发学生的学习兴趣和好奇心，提高他们的参与度和理解力。

因此，在教学过程中，教师应注重板书与多媒体课件的配合使用。在引入新课时，可以利用课件展示相关背景资料，激发学生的学习兴趣；在讲解重难点时，可结合板书进行详细推导和分析，帮助学生深入理解；在总结归纳时，可通过课件回顾要点，强化记忆。如此，板书与多媒体课件相互补充，既发挥了传统教学的优势，又体现了现代信息技术的魅力，共同构建了高效、生动、互动的课堂环境，为学生的学习和成长提供了有力支持。

在国际中文教育教学技能大赛中，参赛者写板书时，要注意做到以下三点。

第一，要注意板书的布局规范。布局规范是板书设计的基础。参赛者应提前规划好板书区域，合理分配标题、知识点、例句、图表等元素的位置，确保整体布局层次分明、逻辑清晰。一般情况下，会采用二分法或者三分法，即标题应醒目置于黑板正中间的上方（注意：不要忘记写标题）。词汇、重难点语法和例句、作业会被分配在黑板的合适区域内。例如，将重点词汇或语法点置于黑板中央显眼位置，辅助说明或例句分列两侧，形成众星拱月之势，便于学生一目了然地把握知识框架。同时，留出适当的空白区域，以便后续补充或强调重点。

第二，要注意板书的字体规范。字体规范同样不容忽视。板书字体需工整、美观、大小适中、字迹清晰，确保后排学生能清晰辨认。建议采用宋体书写，不要写连笔字，避免潦草难辨；同时，注意字间距与行间距的均衡，营造出舒适、和谐的视觉效果。此外，对于重点内容，可通过不同颜色的粉笔或加粗、下画线等方式进行强调，但需保持整体风格统一，避免过于花哨。有的参赛者写板书时，会出现一行字慢慢往上斜或者往下斜的现象，这会使板书不美观，要注意避免这种现象。好好练习粉笔字，不要写得太快、太轻，否则容易给观众造成不稳重之感。要体现出参赛者对比赛的认真态度。要使板书整体看起来既紧凑，又不显拥挤。

第三，要注意板书的内容规范。内容规范是板书的灵魂所在。参赛者需确保板书内容准确无误，要简洁、有特色。应紧扣教学主题，与教学重点相呼应，避免出现错别字、语法错误或信息冗余。同时，内容应具有启发性与引导性，通过精练的语言、生动的例句或直观的图表，帮助学生更好地理解与记忆知识点。此外，适当的留白或设置问题，也能促进学生的思考和参与。

总之，规范的板书不仅是参赛者教学能力的体现，更是对国际中文教育事业的尊重与热爱的体现。杂乱无章的板书会丢分，影响到比赛成绩。如果参赛者内心没有把握，可以提前进行板书设计和书写练习，确保板书内容清晰、美观、有条理。

### （七）形象与礼仪

着装应整洁、大方、得体，符合教师形象要求。保持自信、从容、自然、大方的仪态，避免过于紧张或随意。在讲台上，应保持良好的台风，运用得体的肢体语言，展现良好的职业素养。在说课过程中，应使用礼貌用语，尊重评委和观众；注意基本礼节，如上台后先问候评委、讲课后感谢评委等。同时，注意细节处理，如擦黑板、拾起地上的废纸等。

### （八）时间控制

根据说课比赛的时间要求，精确控制每个部分的时间分配，确保在规定时间内完成说课内容。必要时，灵活调整说课内容的详略程度，以适应时间限制。若说课时间较长，则可适当增加教学背景、学情分析等内容的介绍；若说课时间较短，则应重点突出教学过程和教学方法等内容。严格控制说课时间，千万不要超时，可佩戴电子表，方便把握时间。以提前10秒左右结束说课为好，避免超时导致评委反感。确保说课内容在规定的时间内完成，避免因为时间不足而匆忙结束或因为时间过剩而显得拖沓。录制视频的参赛者更要注意对比赛时间的控制，视频一打开就会显示播放时长，若超时，则会给评委留下不好的印象。需要注意的是，说课时间一到便要停止说课，以防超时扣分。

### （九）答问技巧

有些说课，评委会追问一些问题，参赛者要沉着应答。评委提出问题后，参赛者如果有把握，可以直接作答，注意语速和流畅性；如果没把握，可以重复一遍问题，或者请求思考1分钟，给自己争取思考的时间。比如："对不起，我刚才没有听清您的问题，可以再说一遍吗？"然后记录评委问题中的关键词，用1分钟左右的时间，在稿纸上列几个关键词，之后进行回答。这样的回答往往质量较高。如果问题偏难，参赛者没有太大的把握，也不要胡诌，可以先肯定问题的意义和价值，再诚恳地表达自己暂时还没有想到答案，回去会认真思考。评委提问是好事，说明对参赛者的讲课很感兴趣，也听得很认真。参赛者千万不要觉得问题多，以致过度紧张，要保持自信从容的姿态；回答问题不仅要保持谦逊的姿态，也要感谢评委提问，并请评委指正。

（十）注意说课内容的正确性

在说课过程中，要注意说课内容的正确性，不要出现知识性或常识性错误。一个不该错的知识点讲错了，会直接使成绩降一个等级。例如，有的参赛者写板书时出现了错别字、错用标点符号等低级错误，有的参赛者在说课时读错了字或者表达失误等，甚至有的参赛者解释错了概念、讲错了知识点，这些现象无疑都会让评委扣分。

（十一）要区分说课与正式讲课的风格

虽然说课和正式讲课都要体现教学流程，但是二者的语言风格截然不同，这是因为对象不同。说课是给评委讲，用词要专业。可以直接引用书中涉及的知识点、定义、概念、教学理论等，摆明自己的依据，如告诉评委自己所用的语言点对应的教学法及优势，让评委对你的从业经验有一定的判断。而正式讲课的时候，语言要深入浅出，不是把专业术语、注释生硬地讲出来，而是从学生的角度出发，以便于他们接受和理解的方式讲解知识。切忌用超过学生水平的词句解释语言点，对于这一点，一些新手教师会不注意，常出现失误。要知道，教学的目的是让学生掌握汉语语言点怎么用，而不是照搬词典和语法书上的注释。在演绎中，要引导学生发现语用规律。

说课的时候无须使用课堂指令用语，而正式讲课的时候需要使用，但也不要使用太多。一些教师认为课堂衔接语可起到承上启下的作用，殊不知，有时候会变成难以理解的课堂指令，导致学生不能理解教师的意图，无法进行到下一个教学环节。对于课堂指令，只需要简单明了地告诉学生，如"用'告诉'说一个句子""我们现在读课文，你们读顾客，我读老板"即可，不要使用学生听不懂的词汇。

说课的时候，语速可以稍快、稍正式些。正式讲课的时候，语速则要略低于正常语速,方便学生掌握规范、标准的发音及语用规则。

# 第二节 组织教学与课前复习环节

## 一、组织教学

在整堂课开始之前,会有一个组织教学的环节,这个环节在正式给学生上课时是必须要有的,但是在国际中文教育教学技能大赛中,可以视情况而定。如果组织教学会影响参赛者的复习环节与导入环节的连贯性,那么可以考虑不加组织教学环节,但是在正式讲课和撰写教案时,组织教学环节是必不可少的。

组织教学是一堂课开始前的重要环节,旨在营造良好的课堂氛围、激发学生的学习兴趣、明确教学目标和准备学习材料。具体来说,组织教学环节包括以下四个方面。

### (一)打招呼与问候

教师与学生进行亲切的打招呼和问候,不仅能够拉近师生间的距离,而且能够让学生感受到教师的关怀和尊重,为接下来的学习营造温馨、和谐的氛围。教师可以面带微笑,用亲切的语气与学生打招呼,如"同学们好,今天我们来学习新的内容,大家准备好了吗?"同时,可以询问学生的身体状况或日常生活情况,增加师生间的互动。

### (二)明确教学目标

教师应简要地向学生介绍本节课的教学目标和学习重点,让他们明确学习方向和预期成果。这有助于学生更好地调整自己的学习状态,集中精力投入到新课的学习中。

### (三)检查学习材料

教师可以在课前检查学生的课本、笔记本、笔等学习材料是否准备齐全;

也可以提前准备一些教学辅助工具（如PPT、实物、图片等），以便在教学过程中使用，以及顺利参与课堂活动。对于课上需要的教学辅助材料（如PPT、讲义、练习册等），教师应提前准备好并分发给学生。

（四）课堂纪律与规则

在课前，教师可以简要强调一下课堂纪律和规则，确保学生在课堂上能够保持安静、专注，积极参与学习活动。教师可以通过口头说明或板书的方式，简要介绍课堂纪律和规则；通过正面或反面的示例，引导学生明确遵守课堂纪律和规则的重要性。

综上所述，课前组织教学环节是一个综合性的过程，需要教师充分准备和精心设计，力争为学生营造一种积极、有序、高效的学习环境，为接下来的新课教学奠定坚实的基础。需要注意的是，这个环节尽量不要超时，比赛中参赛者如果选择了这个环节，应在半分钟之内演示完。正式讲课中，如果是100分钟的课堂，那么课前组织教学环节一般为3分钟左右。

## 二、课前复习环节

国际中文教育的课前复习环节是整个教学过程中不可或缺的一部分，它对于巩固学生已学知识、提高学习效率、确保教学连贯性具有重要意义。和前面的课前组织教学环节类似，在撰写教案和正式讲课中，课前复习环节是必不可少的，但在参加比赛过程中，可视自己的参赛内容而定。有的参赛者说课后直接进入导课环节；有的参赛者会选择先复习，再导入新课。

（一）课前复习的重要性

1.巩固已学知识，减少遗忘

根据艾宾浩斯的遗忘曲线，识记后的短时间内遗忘速度最快，随后逐渐减慢。因此，在国际中文教育教学技能大赛中，课前复习环节能够帮助学生及时回顾和巩固上节课或学过的知识点，减少遗忘，加深记忆和理解，并为新知识的学习打下坚实基础。这一环节通过提问、小测验、讨论等形式，促使学生主动回忆和再现已学内容，加深记忆痕迹。

2.发现学习漏洞，提高学习效率

在复习过程中，学生可以发现自己的薄弱之处，为接下来的学习提供方向。复习还可以帮助学生更快地进入学习状态，减少新课讲授时的陌生感，从而提高课堂学习效率。

3.建立新旧知识之间的联系

课前复习环节不仅是对旧知识的简单回顾，更是建立新旧知识之间联系的重要桥梁。通过复习，教师可以引导学生发现新旧知识之间的内在联系和规律，帮助学生构建完整的知识体系。这种联系不仅有助于学生更好地理解新知识，而且能够提高他们综合运用知识的能力。

4.提高课堂参与度，激发学习兴趣

课前复习环节通常采用多样化的形式，如提问、讨论、游戏等。这些形式能够吸引学生的注意力，提高他们的课堂参与度。同时，通过复习过程中的互动和反馈，教师可以及时了解学生的学习情况，从而调整教学策略，激发学生的学习兴趣和积极性。这种积极的课堂氛围有助于提高学生的学习效果和满意度。

5.为新课学习做好铺垫

课前复习环节能够为新课学习做好铺垫。通过复习与新课相关的旧知识，教师可以引导学生进入新课的学习状态，降低学习难度，提高学习效率。此外，复习过程中发现的问题和难点可以作为新课讲授的重点和难点，使教学更加具有针对性和实效性。复习环节有助于教师了解学生的学习情况，为新课的讲授提供有针对性的准备，确保教学的连贯性和有效性。

6.培养学生的学习习惯

课前复习环节能够帮助学生养成良好的学习习惯。学生通过长期的复习训练，可以逐渐养成主动复习、积极思考的学习习惯，这种习惯对于他们的终身学习和个人发展具有重要意义。

综上所述，国际中文教育教学技能大赛中课前复习环节的重要性体现在巩固已学知识、发现学习漏洞、建立新旧知识之间的联系、提高课堂参与度、为新课学习做好铺垫及培养学生的学习习惯等方面。因此，在国际中文教育教学技能大赛中，教师应充分重视课前复习环节的设计和实施，以增强教学效果和学生的学习成效。

（二）课前复习环节的设计

在国际中文教育教学技能大赛中，课前复习环节的设计至关重要，它不仅能够帮助学生巩固已学知识，而且能够为新课的学习做好铺垫，激发学生的学习兴趣，为新知识的学习打下基础。以下是一些设计课前复习环节的建议。

1.明确复习目标

教师应明确复习的具体目标，即希望通过复习达到什么样的效果。这些目标可以包括巩固学生对某个知识点的记忆、理解或应用能力，以及为新课学习做好铺垫等。

2.精选复习内容

（1）针对性强。复习内容应紧密围绕上节课或学过的重点、难点和易错点，确保复习的针对性和有效性。

（2）适量适度。由于课前复习时间有限，因此复习内容应适量适度，避免过多或过少。过多的复习内容会让学生感到压力，而过少的复习内容可能无法达到预期的复习效果。

3.多样化复习形式

（1）提问与回答。教师可以通过提问的方式引导学生回顾旧知识，同时鼓励学生积极回答，以检验他们的掌握情况。

（2）小测验。设计简短的小测验（如选择题、填空题或简答题等），让学生在规定的时间内完成，以检验他们的复习效果。

（3）讨论与交流。将学生分成小组，围绕上节课的重点和难点进行讨论与交流，通过同伴互助来巩固知识，以提升他们的思维能力和语言表达能力。

（4）练习巩固。设计一些与上节课内容相关的练习题，让学生在课前进行练习，以检验他们的掌握情况。

（5）利用多媒体资源。利用PPT课件、视频等多媒体资源，通过视觉、听觉等多种感官刺激，帮助学生更好地回顾和巩固知识。

（6）游戏与竞赛。利用游戏或竞赛的形式（如词语接龙、成语接龙、快速抢答等）进行复习，以增强复习的趣味性和互动性。

4.注重反馈与调整

（1）及时反馈。在复习过程中，教师应及时给予学生反馈，指出他们的优点和不足，并鼓励他们继续努力。

（2）灵活调整。教师应根据学生的复习情况和反馈意见，灵活调整复习内容和形式，以确保复习效果的最大化。

5.与新课学习相衔接

课前复习环节的设计应与新课学习内容紧密衔接，通过复习旧知识引出新知识，帮助学生建立新旧知识之间的联系。这样，不仅可以降低新课学习的难度，而且可以激发学生的学习兴趣和积极性。

6.营造积极氛围

在课前复习环节，教师应营造积极、和谐、互动的课堂氛围，鼓励学生积极参与复习活动，表达自己的观点和想法。同时，教师应关注学生的情感变化，及时给予他们关心和支持。

综上所述，在国际中文教育教学技能大赛中，课前复习环节的设计应遵循明确复习目标、精选复习内容、多样化复习形式、注重反馈与调整、与新课学习相衔接及营造积极氛围等原则。这些措施的实施，可以帮助学生巩固已学知识，为新课学习做好充分的准备。需要注意的是，对于学生在上节课中普遍掌握得不够牢固或容易出错的知识点，教师可以进行重点强调和补充讲解。

## （三）课前复习的注意事项

1.简明扼要

复习内容要简明扼要、突出重点，避免冗长和烦琐。

2.形式多样

采用多种形式的复习方法，以激发学生的学习兴趣和积极性。

3.适度适量

复习时间不宜过长，内容不宜过多，以免给学生造成负担。

4.及时反馈

对学生的复习情况进行及时反馈，肯定他们的进步，指出他们的不足，并给出改进建议。

5.注意复习的层次感

尽量由点到面，从词汇到语法、从知识到文化，将重难点都复习一遍。

课前复习环节，可以让学生更好地准备接下来的学习，提高课堂效率和学习效果。同时，教师可以根据学生的复习情况及时调整教学策略和方法，确保教学目标的实现。

# 第三节　导入新课

导入是国际中文教师在开始讲授新课之前，引导学生迅速进入学习状态的行为方式。课堂导入是课堂教学环节的第一步，是影响一节课是否成功的关键因素。精彩的导入能迅速吸引学生的注意力，激发学生的学习兴趣，帮助学生更好地理解并接受新的知识。有效的课堂导入还能够帮助学生在新旧知识之间建立起联系，进而为整节课的学习奠定良好的基础。在国际中文教育教学技能大赛中，良好的课堂导入环节更是锦上添花。有效的课堂导入方式不仅能够激发评委和观众的兴趣，而且能够促进教学目标的实现。

## 一、导入方式

教学中导入新课是一个充满趣味的课题，多样、恰当的课堂导入形式不仅有助于激发学生的中文学习兴趣，而且有助于课堂教学环节的后续开展，对增强教学效果具有重要作用。教师可以根据每节课的内容、特点及知识的需求等方面，选择学生易懂、易于接受的导入方法；还应经常变换方法或将几种方式有机地结合在一起，以不断吸引学生的注意力，激发学生的学习兴趣，从而不断提高课堂教学效能，取得较为完善的课堂学习效果。课堂导入若能设计得引人入胜，则能将学生的注意力集中到课堂上来，为新课的学习打下良好的基础。常用的导入方法如下。

### （一）图片导入

图片导入是一种直观且有效的教学导入方法。顾名思义，图片导入就是在教学或讨论开始前，通过展示一系列精心挑选的图片来引导学生进入学习或讨论的主题。这种方法的特点在于具有直观性和趣味性，通过展示与主题相关的图片，能够迅速吸引学生的注意力，帮助他们建立起对主题的初步认识和兴趣，并引导他们进入新课的学习。图片的运用有利于培养学生的形象思维能力和口头表达能力，有利于提高课堂教学效能。例如，在学习"购物"时，教师可以先展示一些衣物、首饰等的图片，并通过与学生的一些简单日常对话将话题很自然地引到"购物"这一主题上来。形象直观的图片很容易吸引学生的注意力，并激发学生的学习热情与激情。

1.图片导入的一些方法

（1）直接展示图片。在开始新课教学之前，教师可以直接展示与教学内容或讨论主题相关的图片，或者通过多媒体教学设备展示图片，让学生先对图片进行观察和思考。图片的直观性能够激发学生的学习兴趣和好奇心，为后续的学习内容做铺垫。

（2）结合提问引导。在展示图片后，教师可以根据图片内容提出相关问题，引导学生思考和讨论。问题的设计应具有启发性和针对性，能够激发学生的求知欲和探索欲。

（3）图文结合讲解。在学生观察和讨论图片后，教师可以结合图片和文本内容进行讲解，帮助学生更好地理解新课内容。图文结合的方式可以让学生对新知识有更深刻的印象和理解。

2.图片导入的注意事项

（1）选择合适的图片。图片应与教学内容紧密相关，能够准确反映新课的主题和重点。图片的视觉效果要好，清晰度和质量要高，应具有代表性和吸引力，能够吸引学生的注意力并激发他们的学习兴趣。避免使用模糊或低质量的图片。图片内容还要符合这一学段学生的身心特征。

（2）控制导入时间。图片导入的时间不宜过长，一般控制在几分钟之内。教师要合理安排时间，确保导入环节紧凑且有效。

（3）注重师生互动。在导入图片过程中，教师应注重与学生的互动和交流，通过提问、讨论等方式引导学生积极参与课堂活动，从而增强学习效果。教师切忌只顾自己演示图片，不注意学生的反应和反馈。

（4）关注个体差异。教师应关注学生的学习差异和兴趣点，在导入图片时，尽量满足不同学生的需求。对于学习兴趣不高的学生，教师可以通过更具趣味性和启发性的图片来激发他们的学习兴趣。

（5）注意图片的高效利用。在国际中文教育教学技能大赛的舞台上，图片作为直观生动的教学资源，若能得到高效利用，无疑能为教学增色添彩，助力参赛者脱颖而出。

比赛伊始，选图要精准。需紧密围绕教学目标与教学内容，挑选与知识点契合度高的图片。例如，教授"长城"一词时，选择雄伟壮观、可以展现长城独特风貌的实景图片，能让学生快速建立起直观印象，加深对词汇的理解。

呈现图片时，要注重技巧。可采用多样化的方式，如借助多媒体设备，以动态、高清的形式展示，让学生仿佛身临其境；也可将图片打印出来，让学生近距离观察、触摸，增强真实感。同时，配合生动的语言描述，引导学生观察图片细节，激发他们的学习兴趣。

利用图片开展互动环节也至关重要。可以设计一些有趣的问题，如"图片中有哪些中国元素""从这张图片能联想到什么故事"等，鼓励学生积极发言，培养他们的思维能力和语言表达能力。还可以组织小组讨论，让学生围绕图片展开交流合作，共同完成任务，提升团队协作能力。

此外，要善于挖掘图片背后的文化内涵。以春节相关的图片为例，除了展示热闹的庆祝场景，还可以介绍春节的传统习俗、文化寓意等，让学生在欣赏图片的同时，深入了解中国文化，增强学习中文的兴趣和认同感。

总之，在国际中文教育教学技能大赛中，高效利用图片有助于增强教学效果。参赛者要根据教学目标和教学内容，精心挑选图片，合理运用图片的展示方式（如动态展示、对比展示等），充分发挥图片的教学优势，巧妙呈现、引导互动、挖掘内涵，让图片成为教学的有力助手，为教学增添光彩，赢得评委和观众的认可。

（6）注意展示图片的方式。可以逐张展示图片，并配以适当的解说或提问，以引导学生观察和思考；也可以通过在屏幕中闪现等方式来展示图片。展示图片的方式要依照教学内容而定。展示图片后，给予学生一定的观察时间，让他们仔细观察图片中的细节。随后，教师可以提出问题或引导学生进行讨论，让他们就图片内容与主题之间的联系进行思考。

（7）简短总结与导入。根据学生的观察和讨论情况，进行简要的总结和评价。然后，自然地过渡到后续的学习或讨论内容，将图片展示与主题紧密联系起来。

（二）复习导入

复习导入又称温故式导入，是国际中文教育教学课堂上最为常见的一种导入方式，旨在通过回顾旧知识，为学生搭建起新旧知识之间的桥梁，使他们在已有知识的基础上，更好地理解和接受新知识。教师根据知识间的内在联系，以听写、提问、布置练习题等方式进行复习，既可以从上一节课的作业讲起，也可以从学过的内容聊起，从旧知识里面引出新课内容的线索，引导学生从已有知识出发，顺理成章地进入新知识领域，并产生强烈的求知欲，从而去探求新知识。这种导入方式不仅可以帮助学生巩固已学知识，同时集中注意力，形成系统的知识网络，提高学习效率，而且可以帮助教师更有序地开展下一环节的教学。这种导入方式由已知导向未知，过渡流畅自然，适用于导入前后连贯性和逻辑性较强的知识内容。

1.复习导入的实施步骤

（1）明确复习内容。教师需要仔细分析新课内容，确定与哪些旧知识存在联系。应选择与新课内容紧密相关、学生已经掌握较好的旧知识进行复习。

（2）设计复习活动。根据复习内容，设计合适的复习活动，如提问、练习、讨论等。确保复习活动能够激发学生的兴趣，引导他们积极参与。

（3）实施复习活动。在课堂上开展复习活动，引导学生回顾旧知识。通过提问、练习等方式，检验学生对旧知识的掌握情况。

（4）引出新知识。在复习活动的基础上，自然过渡到新知识的学习。通过分析新旧知识之间的联系，引导学生理解新知识的含义和用途。

2.复习导入的注意事项

（1）精选复习内容。确保复习内容与新课内容紧密相关，避免引入无关或过于复杂的内容。复习的内容最好是上一节课的重难点，或者是与本节课要讲的新知识紧密衔接的内容。

（2）把握好时间。复习时间不宜过长，以免占用过多的新课时间。在实际教学中，复习导入应在3~5分钟；而参加比赛时，由于时间较短，复习导入的时间最好在1~2分钟完成，并且有些比赛过程中是没有听课学生的，这就要求参赛者应适当地以自问自答的方式，回答自己提出的问题，也要对假设有学生进行回答的环节有反应、有评价，以免因内容衔接不上而使评委和观众一头雾水。

（3）确保复习导入高效紧凑。复习活动应高效、紧凑，能够在短时间内达到复习目的。注重新旧知识的联系密度，在复习过程中，要明确提示学生新旧知识之间的联系点，引导学生思考新旧知识之间的逻辑关系，帮助他们形成系统的知识网络。切忌因选择的复习内容不当而耽误复习环节的时间。

（三）直接导入

在国际中文教育中，直接导入是一种常见且有效的课堂导入方式。它通常指教师在一节课开始时，直接阐明本节课的学习目标、要求、教学内容和教学安排，迅速集中学生的注意力，使学生从一开始就明确学习方向，并自然有效地导向教学内容。这种方式也被称为"开门见山"导入法，具有简洁明了、易于操作的特点。由于直接导入省去了烦琐的引入环节，因此能够更快地进入正题，提高课堂教学效率。直接导入不受教学内容和形式的限制，适用于各种类型和难度的中文课程。

1.直接导入的实施步骤

直接导入是一种开门见山的导入方式。举例如下：

同学们好，今天我们要学习的课文是×××，要掌握的重难点是×××，本节课的教学目标是×××。现在请同学们打开书，我们先看生词部分……

例如，在教授"中国传统节日"这一课时，教师可以采用直接导入法。首先，教师向学生明确本节课的学习目标，如："本节课我们将一起学习中国的传统节日，了解它们的起源、习俗和意义。"然后，教师可以简要介绍本节课的教学内容和教学安排，如："我们将首先学习春节的起源和习俗，然后讨论端午节的龙舟竞渡和粽子文化，最后总结并比较不同节日的特点。"这样的导入方式既直接又高效，能够迅速集中学生的注意力，并引导他们进入学习状态。

2.直接导入的注意事项

（1）简洁明了。教师在使用直接导入法时，要注意语言应简洁明了，避免冗长、复杂的表述，以确保学生能够迅速理解并接受。

（2）目标明确。在阐述学习目标时，教师应确保目标具体、可衡量、可达成，以便学生能够明确自己的学习方向和预期成果。

（3）激发兴趣。虽然直接导入法注重直接性，但是教师可通过巧妙的表述和生动的例子来激发学生的学习兴趣和好奇心，为其后续的深入学习奠定基础。

（4）避免生硬。虽然直接导入法强调直接性，但是教师在使用时应注意避免生硬和枯燥，尽量通过生动的语言和例子激发学生的兴趣。

（5）结合实际情况。教师在使用直接导入法时，应结合学生的实际情况和课程特点进行灵活调整，以确保导入效果最佳化。

（6）与其他导入方式结合。直接导入法并不是孤立的教学环节，教师可以根据需要将直接导入法与其他导入方式（如温故导入、情境导入等）相结合，以取得更好的教学效果。

（四）实物演示导入

实物演示导入是指教师在教学开始前，通过展示与教学内容相关的实物、教具等，引导学生观察、思考，从而自然地过渡到新课学习的教学方法。实物演示导入是一种有效的教学方法，具有直观性、生动性和互动性的特点。它通过展示实物、教具等具体物品，将原本抽象、枯燥的教学内容生动形象地呈现给学生，从而激发学生的学习兴趣和好奇心，引导他们进入学习状态。例如，讲解与水果有关的生词时，教师可以准备一些实物水果，通过实物演示来帮助学生理解和记忆新词汇。实物演示能够直接展示事物的形象、特征和规律，帮助学生形成直观的感知。在实物演示过程中，教师可以引导学生观察、思考、提问，以增加师生互动，增强教学效果。

1.实物演示导入的实施步骤

（1）准备实物。教师根据教学内容和目标，准备合适的实物或教具。这些实物应具有代表性、典型性和安全性。

（2）展示实物。在教学开始时，教师向学生展示准备好的实物，并简要介绍实物的特点、用途等。

（3）引导观察。教师根据本节课的教学内容，引导学生仔细观察实物，注意其形状、大小、颜色、结构等特征，以及可能的变化和规律。

（4）提出问题。教师根据实物特点和教学内容，适时地提出问题，引导学生思考并尝试回答。

（5）讨论与交流。鼓励学生之间进行讨论和交流，分享自己的观察和思考结果。

（6）总结与导入。教师根据学生的讨论和交流情况进行简要总结，并自然地过渡到后续的教学内容。

2.实物演示导入的注意事项

（1）增强教学效果。通过实物演示，能吸引学生的注意力，激发学生的学习兴趣和好奇心，促进学生对知识的理解，增加师生互动，同时增强教学效果和学生的学习效果。

（2）实物选择要恰当。确保实物与教学内容紧密相关，具有代表性和典型性。

（3）展示方式要多样。可以通过多种方式（如听、说、读、写、旋转、拆解、对比等）展示实物，以丰富学生的观察体验。

（4）引导学生思考。在展示实物过程中，要注重引导学生思考和分析，培养他们的思维能力；要设计好展示的时间、速度和方式，以更好地促进知识的讲解和吸收为原则。

（5）注意安全问题。在展示实物时，要注意安全问题，确保教师自身和学生不会受到伤害。

## （五）问题引导导入

问题引导导入是一种有效的教学或讨论导入方式，是指教师在教学或讨论开始前，根据教学内容和目标，精心设计一系列富有挑战性或启发性的问题，通过提问的方式引导学生进入学习或讨论状态。这种方法的特点在于能够迅速吸引学生的注意力，激发他们的思考兴趣，促进师生互动，从而自然地过渡到后续的学习或讨论内容。

通过提问来引发学生思考，激活学生思维，所提问题要与教学内容紧密相关。例如，在网络安全教育课程中，教师可以提问"大家平时都会上网，那上网的时候你会做些什么？""你知道"YYDS、花西币、恐龙扛狼这些词语的意思吗？"以引导学生思考并讨论网络安全的重要性。

1.问题引入导入的实施步骤

（1）设计问题。通过提出有趣的、有挑战性的、引人入胜的问题，激发学生的学习兴趣和好奇心，引导学生主动思考和探索，培养他们的思维能力和创新能力。

（2）提出问题。在教学或讨论开始时，教师应以清晰、明确的语言提出问题，并根据具体情况灵活选择设问、反问或直接提问的方式。

（3）引导学生思考。提出问题后，教师应给予学生一定的思考时间，鼓励他们自主思考或小组讨论。教师可以适时地给予提示或引导，帮助学生打开思路，但不要直接给出答案。

（4）讨论与交流。学生思考后，教师组织他们进行讨论和交流，并分享各自的观点和想法。教师应鼓励学生积极参与讨论，勇于表达自己的观点，并学会倾听他人的意见。讨论与交流可以促进师生之间的互动和交流，营造积极的学习氛围。

（5）总结与导入。讨论结束后，教师对学生的回答和讨论进行总结和评价。教师根据学生的回答和讨论情况，自然地过渡到后续的学习或讨论内容，并帮助学生明确学习或讨论的目标和重点，提高学习效率。

2.问题引入导入的注意事项

（1）问题设计要精心。问题的设计应具有针对性和启发性，能够紧扣教学内容和目标，能够引导学生深入思考。问题难度应适中，既不过于简单以致无法激发学生兴趣，也不过于复杂以致学生无法回答。问题之间应有逻辑联系，能够引导学生逐步深入思考和探索。

（2）提问方式要多样。教师应根据教学内容和目标灵活选择提问方式，避免单调乏味。

（3）给予学生思考时间。提出问题后，教师应给予学生足够的思考时间，避免自问自答、急于求成。

（4）鼓励学生参与。教师应鼓励学生积极参与讨论和交流，培养他们的表达能力与合作精神。

（六）游戏导入

游戏导入是一种灵活多样、富有创意和趣味性的导入方式。游戏导入能够使课堂变得生动活泼。设计不同形式的游戏或活动，能够迅速吸引学生的注意力，激发他们的学习兴趣和参与度，为后续的讨论、学习或活动营造良好的氛围和条件，并为后续的教学内容做好铺垫。通过游戏的方式，可以让学生复习和巩固已学词汇或短语。国际中文课堂上的游戏互动导入方法多种多样，教师可以根据教学内容和学生特点选择合适的方法进行导入，以取得最佳的教学效果。

1.游戏导入的方法

（1）词语联想接力。在正式讨论或教学前，教师可以组织一场词语接龙游戏。首先设定一个与主题相关的起始词，第一名学生说出由这个词联想到的另一个词，下一名学生接着上一名学生的词尾字继续联想，以此类推，让参与者进行词语接龙，即轮流说出与上一个词尾字相同或谐音的新词。这种游戏不仅能快速调动学生的积极性和参与度，而且能在轻松愉快的氛围中扩大学生的词汇量，锻炼他们的语言表达能力和逻辑思维能力，为后续的讨论或学习提供丰富的语言素材。

（2）成语接龙。这是一种用前一个成语的最后一个字作为下一个成语的第一个字，依次进行的游戏或教学活动。在国际中文教育课堂中，成语接龙导入就是利用这种游戏形式，在课程开始前或特定教学环节中，引导学生参与成语接龙活动，以此作为课程内容的引子，激发学生的学习兴趣和好奇心。通过成语接龙等语言游戏，可以展示教师的语言游戏设计能力，展示教师帮助学生记忆和运用成语的能力。当然，这种导入方式对学生的级别有一定要求，初中级别学生可以改成"词语接龙"。在选择成语时，要确保它们适合学生的年龄和认知水平，避免使用过于生僻或复杂的成语。在游戏过程中，要确保每名学生或团队都有平等的机会参与和表现，避免出现不公平的情况。

（3）你说我猜。设计一个与教学内容相关的语言游戏，让学生在游戏中学习和练习新词汇。

（4）绕口令挑战。选择几个与主题相关或趣味性强的绕口令，组织一场绕口令挑战赛。绕口令的挑战性能够吸引学生的注意力，让他们在反复练习和尝试中提高口语表达能力和语言组织能力。同时，绕口令的趣味性也能为后续的讨论或学习营造轻松愉快的氛围。

（5）谜语导入。教师可以通过简短的开场白（如"今天我们要来一场智力大挑战，看看谁能最快解开这个谜题"）来吸引学生的注意力。随后，教师可以以口头讲述、板书或多媒体展示等方式，将精心准备的谜语呈现给学生。教师可以提出一系列问题，如"这个谜语描述的是什么？""你们能从谜语中找出哪些线索？"等，引导学生对谜语进行深入思考。然后，教师鼓励学生分组讨论或自由发言，分享自己对谜语的理解和猜测。在讨论过程中，教师应积极倾听学生的发言，并给予适当的引导和反馈。谜语的选择应与本节课的教学内容紧密相关，难度适中，且富有趣味性和启发性。

（6）脑筋急转弯导入。这是一种寓教于乐、能够有效激发学生兴趣的导入方式。教师需要根据教学内容和学生的年龄、语言水平选择难度适中、内容有趣且与教学内容相关的脑筋急转弯题目。教师应确保所选题目既能引发学生的思考，又不会因过于复杂而打击他们的积极性。教师自身要充分理解脑筋急转弯的题目及其答案，并准备好相应的解释和引申内容，以便在课堂上能够流畅地引导学生思考。参赛者在国际中文教育教学技能大赛中采用脑筋急转弯进行导入时，需要注意选材与难度控制、表述与引导、互动与反馈、时间控制、总结与引申等方面事项。教师通过精心设计和巧妙运用脑筋急转弯导入法，可以激发学生的学习兴趣和思维活力，为后续的课堂教学奠定良好的基础。

（7）语言创作。即引导学生进行短诗、小说片段或广告语等语言创作活动，要求他们围绕主题进行构思和创作。这种方式能够激发学生的创造力和想象力，让他们在创作中更加深入地理解和感受主题。同时，通过分享和讨论创作成果，能促进学生之间的交流和互动，为后续的讨论或学习提供多元化的视角和思考。

（8）击鼓传花。即通过安排与教学活动相关的游戏引出所学内容，如通过"击鼓传花"游戏让学生认读新字等。教师可以自主选择采用这种游戏来导入任何教学内容。这种导入方式可以充分调动学生的积极性，让学生高度集中注意力，使课堂气氛更为活跃。

（9）Bingo游戏导入。提前准备一张Bingo表格，表格中填入与教学内容相关的词汇或短语。在课程开始前，将表格分发给每名学生，并告知游戏规则。教师逐一读出词汇或短语，学生根据听到的内容在表格中标记。当某名学生成功将词汇或短语连成一线时，即可大喊"Bingo"并获胜。

（10）知识大富翁。将教室地面布置成一个大的棋盘，在每个格子中标上不同的知识点或问题。学生分组进行比赛，通过掷骰子决定前进的步数。当停在某个格子时，学生需要回答对应的问题或完成相关的任务。若回答正确或完成任务，则可以获得相应的奖励（如积分、小奖品等）；若回答错误或未完成任务，则可能后退几步或者受到一些"小惩罚"（如表演节目）。

（11）音乐传球。播放欢快的音乐，让学生依次传递一个小球。当音乐停止时，拿着球的学生需要回答教师提出的问题，或者用所学知识进行一段简短的表述。此方式可以营造紧张而有趣的课堂氛围，促使学生集中注意力，同时锻炼他们的反应能力和表达能力。

（12）情景模拟猜谜。教师准备一些情景卡片，上面写有各种场景描述。每组选出一名学生作为表演者，抽取一张卡片，通过动作和表情来模拟这个情景，让组内其他同学猜测。在规定时间内猜对卡片数最多的组获胜。情景模拟的方式，可以加深学生对知识点的理解和记忆，同时锻炼他们的观察力和团队合作能力。

（13）知识卡片翻翻乐。准备两组相同的知识卡片，正面朝下打乱放置在桌面上。学生分组轮流翻开两张卡片，若两张卡片内容相同，则可以拿走；若不同，则重新翻面。最后获得卡片数最多的组获胜。游戏化的方式有助于学生复习和巩固知识点，提高他们的参与度和学习兴趣。

（14）拼图竞赛。教师提前将一幅与课程内容相关的图片剪成若干块。学生分组比赛，同时开始拼图。最先正确拼完图的小组获胜。完成后教师可以针对图片内容进行提问和讲解。拼图游戏可以锻炼学生的观察力和动手能力，同时加深对课程内容的理解和记忆。

（15）知识寻宝图。教师根据课程内容设计一张寻宝图，图上标注多个"宝藏点"，每个"宝藏点"都与一个知识点或问题相关联。可以用图标、图片或简单的文字描述来表示"宝藏点"。每个"宝藏点"对应一个小纸条或卡片，上面写有该知识点的问题、线索或简要介绍。部分"宝藏点"可以设置为"挑战关卡"，需要学生完成一定的任务或回答更难的问题才能获得线索。将学生分成若干小组，每组发放一张寻宝图和必要的探索工具（如指南针、放大镜等道具的替代品，可以是纸质的或虚拟的）。然后教师以一则引人入胜的故事或情境开始，说明学生将扮演探险家的角色，去寻找隐藏在教室或虚拟世界中的知识宝藏。将设计好的寻宝图分发给各个小组，并简要说明游戏规则和注意事项。学生根据寻宝图上的线索开始寻宝。他们需要在教室内或通过网络资源（如果是虚拟寻宝）寻找答案或完成任务。教师可以设置时间限制，增加游戏的紧张感。当学生找到"宝藏点"时，教师应鼓励他们与小组成员分享自己的发现和答案。对于挑战关卡，教师可以组织小组间的讨论或辩论，以促进学生之间的交流和思考。游戏结束后，教师带领学生回顾整个寻宝过程，总结所学的知识点和解决问题的方法。同时，可以对学生的表现进行点评和鼓励。选择参与这个游戏的学生要明确寻宝图上的线索与课程内容紧密相关，避免过于复杂或偏离主题。在游戏过程中，教师应鼓励学生积极参与及合作，避免个别学生主导整个寻宝过程；应注意观察学生的表现，及时给予指导和帮助。

（16）快速问答。首先，教师说明游戏规则："在开始正式的学习之前，我们先来玩一个小游戏。这个游戏叫作'快速问答'。我会说出一些物品的名称，你们需要迅速告诉我这些物品通常使用的量词是什么。比如，我说'一本书'，你们就要回答'本'。准备好了吗?"

其次，开始进行游戏，教师依次说出物品名称，如"一支笔""一朵花""一杯茶"等，评委和观众需要快速回答对应的量词。

最后，教师进行总结与引入："非常好，大家的反应都非常快！通过这个小游戏，我们不仅复习了之前学过的量词，而且激发了大家对数字与量词学习的兴趣。接下来，我们一起深入学习更多有趣的数字和量词吧！"

（17）抽卡片读生词。若抽到卡片上写着"国王"或"王后"，可以不读；若抽到其他卡片，上面写着数字几就读几遍。例如，上面写着数字"2"，代表读两遍。

（18）夹句型。教师将所有需要讲解的知识点分别写在纸条上并放入一个桶里，学生用筷子将纸条夹出来，并简单讲解纸条上的知识点。教师可以让两个小组进行比赛，最快说出来的小组获胜。

（19）生词钓鱼。教师先将需要讲解的生词写在卡纸上，并将卡纸剪成鱼的形状，然后在生词卡上夹上曲别针；再做两个钓鱼棒，钓鱼棒的上面有磁铁，可以吸小鱼。教师说生词，让学生去钓对应的生词，钓得最快的学生或小组获胜。

（20）无敌转转转。两名学生到前面背靠背站好，手中各持一张单词卡。在教师下口令后，两名学生快速旋转，最先说出对方卡片上单词的学生获胜。

2.游戏导入的注意事项

在国际中文教育教学技能大赛的游戏互动导入环节，教师需要特别注意以下七个方面，以确保教学效果并提升比赛表现。

（1）明确教学目的。游戏的设计必须紧密围绕本节课的教学目标和主题，确保游戏内容与教学内容紧密相连，避免偏离主题。不能为了游戏而游戏，应达到让学生吸收知识的目的。个别新手教师虽然有时课堂气氛较好，但是所讲内容和本节课的知识点相去甚远，这样反而耽误了教学时间。游戏导入应能够清晰、明确地引出本节课的核心知识点或技能点，为后续教学做好铺垫。

（2）考虑学生特点。

①年龄与认知水平。根据学生的年龄、性格、认知水平和兴趣爱好来设计游戏，确保游戏既具有挑战性又符合学生的实际情况。

②参与度和积极性。游戏应能充分调动学生的参与度和积极性，让学生在获得游戏乐趣的同时，加深对知识点的理解和记忆，提高课堂互动性，更好地促进教学效果。

（3）游戏设计的合理性。

①规则清晰。游戏规则应简单明了，易于学生理解和遵守，避免学生因规则复杂而降低参与兴趣。

②时间控制。合理安排游戏时间，既要保证游戏能够充分展开，又要避免时间过长影响整体教学进度。

③趣味性和挑战性。游戏应具有一定的趣味性和挑战性，以激发学生的学习兴趣和求知欲。因为有些游戏太简单，有些游戏又太难，所以教师要把握好或者调整好难易程度。

（4）过程掌控与引导。

①适时引导。在游戏过程中，教师应密切关注学生的动态，适时给予学生指导和帮助，确保游戏顺利进行。

②营造氛围。营造良好的课堂氛围，确保学生在轻松愉快的环境中参与游戏，同时避免过度兴奋或混乱的情况发生。游戏的顺利实施能够展现教师的课堂管理与创新能力。在游戏过程中，教师应设置易操作的游戏，要收放自如，切忌造成混乱。

（5）关注反馈。及时收集学生的反馈意见，了解游戏效果和学生感受，为后续教学提供改进依据。

（6）安全与纪律。

①安全第一。确保游戏过程中的安全性，避免发生意外伤害事故。

②维护纪律。在游戏过程中，教师应加强纪律管理，确保学生遵守游戏规

则和课堂纪律。

（7）总结与反思。

①总结提炼。游戏结束后，教师应及时对游戏过程进行总结提炼，概括出与本节课相关的知识点或技能点。

②反思改进。针对游戏导入的效果和学生的反馈意见进行反思，总结经验教训，为今后的教学改进提供参考。

（七）视频/音频导入

在讲课比赛中，视频/音频导入教学是一种非常有效且吸引人的方式，具有独特的优势和作用。精心选择和设计视频/音频材料，展示与教学内容相关的图片、视频片段/音频材料，可以更好地引导学生进入学习状态，能够迅速吸引学生的注意力，激发他们的学习兴趣和动力。尤其是在文化类、历史类、旅游类、科技类等课程中，视频/音频的导入较为常见且高效。教师可以通过音乐的旋律、歌词，以及视觉画面的冲击，利用多媒体工具丰富教学内容。这种新颖的导入方式更加直观、生动，能够使学生在情境中更好地理解教学内容，同时增强学习的趣味性和互动性。将理论知识与实际应用相结合，能使学生更容易理解和记忆相关知识点。真实的录音材料能让学生仿佛置身于实际场景之中，更加直观地感受和理解所学内容。

1.视频/音频导入的方法

视频/音频材料的导入主要依赖于所使用的视频/音频编辑或处理软件。以Premiere（下文简称PR）为例，以下是导入视频/音频材料的四种常用方法。

（1）通过菜单栏导入。

①点击菜单栏。在PR软件中，点击菜单栏的"文件"（File）选项。

②选择导入。在下拉菜单中选择"导入"（Import）选项，或者直接使用快捷键"Command+I"（Mac系统）或"Ctrl+I"（Windows系统）。

③选择文件。在弹出的文件选择对话框中，浏览并找到需要导入的视频/音频文件，可以选中一个或多个文件，然后点击"导入"按钮。

（2）通过项目窗口导入。

①在项目窗口中操作。在项目窗口（Project Panel）的空白处，单击鼠标右键，选择"导入"（Import）；或者直接在项目窗口双击鼠标左键，这样可以

快速打开文件，选择对话框。

②选择并导入文件。在文件选择对话框中，选择需要导入的视频/音频文件，然后点击"导入"按钮。

（3）拖放导入。

①找到素材文件。在文件资源管理器（File Explorer）或 Finder（Mac 系统）中找到需要导入的视频/音频文件。

②拖放到 PR 项目。直接选中文件，然后将其拖放到 PR 软件的项目窗口中，松开鼠标后，文件将自动导入到项目中。

（4）通过媒体浏览器导入。

①打开媒体浏览器。在 PR 软件中，找到媒体浏览器（Media Browser）面板。

②浏览和选择文件。在媒体浏览器左侧列表中找到素材所在的位置，然后在所需素材上单击鼠标右键，选择"导入"。如果需要导入所有素材，可以先选中一个素材，再使用"Command+A"（Mac 系统）或"Ctrl+A"（Windows 系统）全选，然后进行导入。

2.视频/音频导入的注意事项

（1）相关性。确保所选的视频/音频材料与课程内容高度相关。始终将视频/音频导入教学与本节课的教学目标相结合，确保它们能够直接支持或引出本节课的主题，帮助学生建立新旧知识之间的联系，帮助学生完成学习目标，而不仅仅是作为一种教学手段的展示。

（2）清晰度与质量。视频/音频材料应当清晰、无杂音，画质和音质都要达到一定的标准。模糊的图像或嘈杂的声音会分散学生的注意力，影响教学效果。

（3）时长控制。视频/音频的时长要适中，不宜过长，也不宜过短。过长会占用过多的课堂时间，过短则可能无法充分展示其效果。一般来说，几分钟到十几分钟的视频/音频是比较合适的。参加比赛的话，视频/音频的导入时间最好是 1~2 分钟。

（4）内容适宜性。注意视频/音频内容的适宜性，避免包含暴力、宗教、政治敏感话题等内容。这些内容可能会引起学生的不适或反感，影响课堂氛围。

（5）技术准备。提前测试播放设备，确保在比赛中不会出现技术故障。同时，准备好备用设备或替代方案，以防万一。

（6）引入方式。在播放视频/音频之前，可以提出相关问题或设置悬念，引导学生在观看或聆听过程中积极思考。用简短的引言或问题引导学生进入情境，激发他们的兴趣和好奇心。播放结束后，要及时总结和过渡，将学生的注意力引导回课堂内容。

（7）互动与反馈。鼓励学生在观看或聆听过程中积极思考，并在结束后提出问题和分享感受。教师可以通过提问、小组讨论等方式，检查学生对视频/音频内容的理解程度，并据此调整后续的教学策略。

（8）版权问题。确保所选的视频/音频材料不侵犯任何版权或知识产权。如果使用了他人的作品，应事先获得授权或注明出处。

（9）技术准备。确保视频/音频材料的质量良好，播放设备稳定可靠，避免在课堂上出现技术故障而影响教学效果。在国际中文教育教学技能大赛中，可能会遇到一些不可预测的情况（如设备故障、学生反应冷淡等），参赛者应保持冷静，灵活应对，及时调整教学策略，确保比赛顺利进行。

（10）注意文件格式。PR软件支持多种视频和音频格式，如MP4，AVI，WMV，MOV，MP3，WAV等。如果PR软件遇到不支持的视频/音频格式，可以通过格式转换工具对其进行转换后再导入。在导入过程中，建议预览文件，以确保文件符合需求。特别是要预览音频文件，以确保音质和音量符合预期，也要格外注意格式不兼容、U盘不被读取的现象。导入完成后，可以在项目窗口看到导入的素材。接下来，可以将素材拖放到时间轴（Timeline）上进行编辑和处理。

不同版本的PR软件可能在操作界面和细节上略有不同，但基本原理和步骤是相似的。如果能找到制作好的视频/音频，在不侵犯他人版权的前提下，可以直接使用。

（八）背景导入

背景导入是一种在教学或学习过程中，特别是在高级汉语课堂或其他涉及历史、文化、社会等背景知识的课程中经常使用的方式。这种方式通过呈现与新课内容相关的历史、经济、文化等背景信息，帮助学生在掌握时代背景的基础上进行学习，从而增强知识的鲜活性，形成较强的时代代入感，有利于学生对新课内容的吸收和掌握。通过背景导入的方法，教师可以有效地帮助学生建立起与新课内容相关的知识框架和认知基础，为学生后续的学习打下坚实的基础。同时，背景导入能够激发学生的学习兴趣和探究欲望，培养他们的自主学习能力和综合素养。

1.背景导入的具体做法

（1）资料搜集。教师需要事先通过各种途径（如教科书、参考书、互联网、图书馆等）搜集与新课内容相关的背景资料。这些资料包括作者背景、时代背景、历史事件、文化背景、社会现象等。

（2）资料整理与筛选。对搜集到的背景资料进行整理，筛选出与新课内容最为紧密、最具有代表性和启发性的部分。注意保持资料的准确性和权威性，避免误导学生。

（3）呈现方式。教师可以利用多种方式（如口头讲述、PPT展示、视频播放、图片展示等）呈现背景资料。呈现方式应根据新课内容和学生特点进行选择，以确保学生能够充分理解和吸收背景知识。

（4）引导思考。在呈现背景资料过程中，教师可以通过提问、讨论等方式引导学生思考背景知识与新课内容之间的联系，鼓励学生发表自己的观点和看法，培养他们的批判性思维和创新能力。

（5）总结与过渡。在背景导入结束后，教师应进行总结和过渡，明确背景知识与新课内容之间的关联点，引导学生进入新课的学习，确保他们能够顺利地从背景知识过渡到新课内容。

2.背景导入的注意事项

（1）针对性。背景导入应与教学内容紧密结合，具有较强的针对性，紧密围绕新课内容展开。同时，要根据学生的年龄、认知水平和兴趣特点来选择合适的历史背景内容和导入方式。不要引入与新课内容无关或关系不大的背景知识，以免分散学生的注意力。

（2）准确性。无论选择什么知识的背景导入，都要确保资料的真实性、准确性。例如，在介绍历史背景时，要确保信息的准确性和权威性。避免使用未经证实或存在争议的历史观点和数据。

（3）趣味性。教师可以尝试使背景导入更加生动有趣，以激发学生的学习兴趣和好奇心。教师可以通过生动有趣的讲述方式和丰富的多媒体资源等来提高导入的趣味性。

（4）探究性。背景导入可以激发学生的探究欲望，引导他们主动探索与新课内容相关的知识和问题。教师可以设计一些探究性问题或任务，让学生在课后能够进一步研究和探索。

（5）时间控制。教师应注意控制背景导入的时间长度，避免过长或过短。一般来说，背景导入的时间应控制在几分钟到十几分钟，以确保学生能够在短时间内充分了解和掌握背景知识。

## （九）讨论导入

在教学过程中，讨论导入是一种较常用的导入方法，又称为主题讨论导入，是通过引导学生进行讨论和交流来激发他们思考和学习兴趣的导入方法。教师可以通过提出一个问题或者一个引人思考的观点来引导学生进行小组或者全班讨论，从而使学生在互动中深入理解和掌握新知识。当学生掌握了一定的词汇量以后，只要教师能够紧密结合课文内容展开相关议题的讨论，就能成功地引入新课，而且能激发学生的思考，增强互动性。

例如，在学习有关"节日"主题时，教师在导入时可以播放介绍中国春节的录像片，然后要求学生分组讨论以下问题：①在你的国家中，哪个节日是最重要的？②为什么这个节日是最重要的？③你们是如何度过这个节日的？通过这样的导入，不仅能够激发学生了解各国节日的学习兴趣，而且能够让学生在热烈的讨论中加深对各国节日的了解，从而使学生在自然、轻松的氛围中完成本节课的学习任务。

1.讨论导入的实施步骤

（1）提出问题或观点。教师需要根据新课内容精心设计一个问题或者提出一个引人思考的观点。这个问题或观点应具有一定的启发性和探讨性，能够引起学生的兴趣和思考。

（2）组织讨论。在提出问题或观点后，教师可以组织学生进行小组讨论或全班讨论。可以根据实际情况灵活调整讨论的形式（如自由发言、轮流发言、辩论等）。

（3）引导交流。在讨论过程中，教师需要积极引导学生进行交流，鼓励学生发表自己的观点和看法。同时，教师需要注意控制讨论的进度和节奏，确保讨论能够围绕主题展开。

（4）总结和归纳。在讨论结束后，教师需要对学生的观点进行总结和归纳，明确讨论的成果和收获。同时，教师可以根据学生的讨论情况进一步补充和完善新课内容。

2.讨论导入的注意事项

（1）问题或观点的选择。教师需要确保提出的问题或观点与新课内容紧密相关，并且具有一定的启发性和探讨性。不要选择过于简单或过于复杂的问题，以免影响讨论的效果。

（2）讨论氛围的营造。教师需要积极营造轻松、愉快的讨论氛围，鼓励学生大胆发言、敢于质疑。同时，教师需要注意保护学生的自尊心和自信心，避免使用过于严厉或批评性的语言。

（3）时间控制。教师需要合理安排讨论的时间，确保讨论能够在有限的时间内取得有效的成果。避免因讨论时间过长而导致课堂节奏拖沓，或者因讨论时间过短而导致学生无法深入探讨问题。

（4）教师角色的定位。在讨论过程中，教师需要扮演好引导者和促进者的角色。教师需要积极引导学生参与讨论、交流观点，并在必要时给予适当的指导和帮助。同时，教师需要注意保持中立和客观的态度，避免对学生的观点进行过多的干预或评价。

（5）及时点评。在讨论结束后，教师需要对学生的观点及时地进行点评和反馈。点评应客观、公正、具体，既要肯定学生的优点和长处，又要指出学生的不足和需要改进的地方。通过点评和反馈，学生可以更好地认识到自己的优点和不足，从而进一步增强学习效果。

讨论导入是一种有效的教学导入方式，它能够激发学生的思考和学习兴趣，促进学生之间的交流和互动，增强课堂的互动性和趣味性。在实际教学中，教师可以根据新课内容和学生的实际情况灵活运用这种方式来增强教学效果。但是在比赛中，若没有合适的观众，可能无法展开讨论，这就需要教师进行自问自答，如果感觉衔接得不太流畅，那么需要考虑是否选择这种导入方式。

（十）电影/戏剧片段导入

电影/戏剧片段导入是一种有效的教学手段，是指选择与教学内容紧密相关的电影/戏剧片段进行播放，讨论剧情并教授相关的教学内容。它能够通过生动、直观的画面和情节，激发学生的学习兴趣，增强教学效果。电影片段导入的目的是通过电影的光、色、明暗程度变化及电影基调和感情流露的真实表达，让学生全身心地投入到课堂学习中，提高学生的学习兴趣和注意力。

1.电影/戏剧片段导入的实施步骤

（1）选择片段。准备素材，利用多媒体设备（如投影仪、电脑等）播放电影/戏剧片段。

（2）播放片段。在课堂开始时或某个教学环节中，播放电影/戏剧片段。

（3）引导讨论。播放完毕后，引导学生就片段内容进行讨论，并提出问题，以激发学生思考。

2.电影/戏剧片段导入的注意事项

（1）确保电影/戏剧片段的内容健康、积极，符合教学要求。

（2）控制好片段的播放时间，避免因过长或过短而影响教学效果。

（3）引导学生正确理解和评价电影/戏剧片段，避免产生误解或偏见。

（4）在实际教学中，教师应根据教学内容和学生的实际情况灵活选择和使用这种方式。

（十一）故事导入

故事导入是一种常见且有效的教学导入方式，顾名思义，它就是通过讲述一则简短、生动、有趣的故事来引出新课内容。这则故事通常与即将学习的知识点紧密相连，能够激发学生的好奇心和求知欲，使他们在轻松愉快的氛围中进入学习状态。故事导入是一种有效的教学导入方式，它能够激发学生的学习兴趣和求知欲，引导他们进入学习状态。在实际教学中，教师应根据教学内容和目标灵活运用这种方式，以取得最佳的教学效果。

导入的故事种类有很多，包含人物故事、历史故事、寓言故事、文化故事、生物故事、科技故事等，教师在选择故事时，要根据自己的教学内容而定。例如，在讲授"环境保护"主题时，教师可以讲述一则关于动物因环境污染而失去家园的故事。在讲述过程中，教师可以运用生动的语言和表情，描绘出动物的困境和无奈。然后，在故事的结尾处提出问题："同学们，你们知道为什么动物会失去家园吗？我们应该怎么做才能保护我们的环境呢？"通过这样的问题引导学生思考环境保护的重要性，并自然而然地引出新课内容。

**1.故事导入的实施步骤**

（1）选择故事。根据教学内容和目标，选择一则简短、生动、有趣且与知识点紧密相连的故事。例如，教师可以用符合学生语言水平的成语故事吸引学生的注意力，并自然过渡到自己的教学主题。

（2）讲述故事。在课堂上，教师应以生动、有趣的方式讲述故事，注意语速、语调和表情的运用，以吸引学生的注意力。创设故事情境，能让学生仿佛置身于故事情节之中，更容易理解和接受新知识。

（3）提出问题。在故事的关键处或结尾处提出问题，引导学生思考故事与新知识之间的联系。故事中的情节和人物往往能够引发学生思考，培养他们的想象力和创造力。

（4）引出新课。教师通过学生的思考和讨论，自然而然地引出新课内容，让学生带着问题进入学习状态。

**2.故事导入的注意事项**

（1）故事的相关性。选择的故事应与教学内容紧密相关，能够直接引出新课内容。选择的故事切忌偏离主题。教师应避免选择过于复杂或学生不熟悉的内容。

（2）故事的简短性。故事应简短精练，不宜过长，以免占用过多课堂时间。

（3）故事的趣味性。故事应生动、有趣，能够吸引学生的注意力，激发他们的学习兴趣；能够让学生在轻松愉快的氛围中进入学习状态，为后续的学习奠定良好的基础。参赛者要让评委感受到自己的叙事魅力。

（4）问题的启发性。教师提出的问题应具有启发性，能够引导学生深入思考故事与新知识之间的联系。

（5）控制导入时间。导入时间不宜过长，一般控制在几分钟之内即可。教师要确保在有限的时间内完成导入任务，并顺利过渡到新课内容。

（十二）节日庆祝导入

节日庆祝导入的方式多种多样，可以根据节日特色、活动规模、参与人群等因素进行选择和创新。这种导入方式的设计既需要生动有趣又需要富有文化内涵，营造浓厚的节日氛围以确保能有效吸引学生的注意力，并激发他们的参与热情，从而传承和弘扬节日文化。

1.节日庆祝导入的实施步骤

（1）明确教学目标与导入目的。首先，要明确本节课的教学目标，即希望通过节日庆祝导入取得什么样的教学效果，如提升学生的文化认知、语言运用能力或学习兴趣等。导入环节应紧密围绕教学目标展开，旨在通过节日庆祝的相关内容激发学生的学习兴趣，并为后续的教学内容做好铺垫。

（2）选择合适的节日与话题。根据教学对象的年龄、文化背景、兴趣点等因素，选择合适的中国传统节日（如春节、中秋节、端午节等）作为导入话题。这些节日具有深厚的文化内涵和广泛的认知度。在庆祝节日的众多元素中，选择一个或几个具有代表性的话题（如节日的由来、习俗、食品、活动等）进行聚焦，以确保导入内容精练且富有吸引力。

（3）引入话题。例如，以轻松愉快的语气开始，简要介绍本节课的主题"庆祝中国传统节日"。教师通过提问的方式引起学生的兴趣和思考，比如："大家听说过中国的哪些传统节日？人们是怎么庆祝这些节日的?"

（4）实物或图片展示。提前准备好与节日相关的实物（如春联、灯笼、粽子、月饼等）或高清图片。例如，教师逐一展示春联、灯笼、粽子、月饼等，并解释其含义、用途、由来和背后的故事等。在展示过程中，教师应适时提问学生，引导他们积极参与讨论。

（5）多媒体辅助。教师选取一段关于庆祝中国传统节日（如春节的除夕夜、元宵节的灯会、中秋节的赏月等）的短视频进行播放。视频播放完毕后，教师引导学生分享观看感受，讨论视频中的节日习俗和庆祝方式。

（6）文化故事讲述。教师根据节日特点，选择一两则具有代表性的文化故事（如春节的"年兽"传说、中秋节的"嫦娥奔月"等）进行讲述。教师用生动有趣的语言讲述故事，注重细节描绘和情感表达，让学生仿佛置身于故事之中。

（7）总结与过渡。简要回顾本节课导入部分的主要内容，强调中国传统节日的多样性和文化内涵。教师通过一句过渡语（如"接下来，我们将深入学习这些节日的庆祝方式和文化内涵"），将学生的注意力引导到接下来的课程内容上。

2. 节日庆祝导入的注意事项

（1）时间控制。整个导入环节应控制在3~5分钟，避免因时间过长而影响后续课程内容的讲解。

（2）互动性。注重与学生的互动交流，通过提问、讨论等方式激发学生的学习兴趣和参与度。教师可以设计一些与节日相关的问题，引导学生积极参与讨论，培养他们的语言表达能力和思维能力。

（3）文化性。在导入过程中，融入中国传统节日的文化元素和故事传说，增强学生对中国文化的理解和认同。

（4）灵活性。根据实际情况调整导入步骤和内容，确保教学活动顺利进行。

（5）准确性和趣味性。在导入过程中，要确保所使用的语言准确无误，避免因语言错误而误导学生。教师通过幽默风趣的语言表达、生动形象的描述等方式，能使导入环节更加生动有趣，从而吸引学生的注意力。

（6）关注学生的学习反馈和参与度。在导入过程中，要密切关注学生的反应和参与度，及时调整教学策略和节奏。通过提问、讨论等方式鼓励学生积极参与课堂活动，能够提高他们的学习主动性和积极性。

（7）遵循循序渐进的教学原则。在导入环节，要注意遵循循序渐进的教学原则，从易到难、由浅入深地引导学生了解节日文化。不要一开始就引入过于复杂或深奥的内容，以免学生产生畏难情绪。

（十三）悬念导入

在国际中文教育教学技能大赛中，悬念导入是一种富有创意和吸引力的教学策略。它是指在教学开始阶段，通过提出引人入胜、富有挑战性或带有悬念性的问题，给学生造成一种神秘感，激起学生的好奇心和求知欲，从而进入学习新知识、解决新问题状态的一种导课方式。这种方式能够迅速吸引学生的注意力，激发他们的学习兴趣，引发思考，启迪思维，增强课堂的教学效果。精彩的悬念导入往往能取得事半功倍的效果。

1.悬念导入的应用建议

（1）设置悬念。教师可以根据教学内容和目标，设计一些与新课内容相关且富有悬念的问题。这些问题可以是关于课文内容、文化背景、语言现象等方面的，旨在引发学生思考及引起学生探究的欲望。教师通过提出一个引人入胜的问题或讲述一则与主题相关但留有悬念的故事，激发学生的好奇心，使他们渴望知道答案或后续发展，从而自然过渡到本节课的主题。

（2）使用多媒体和视觉辅助工具。即利用多媒体展示有趣的图片、视频、动画或音频剪辑等创设悬念情境。这些情境可以是与课文内容相关的历史场景、生活片段或虚构故事等。教师以视觉和听觉结合的方式吸引学生的注意力，旨在让学生身临其境地感受和学习。要确保选择的多媒体内容既与主题相关，又有趣味性，且质量上乘，能够迅速吸引学生的眼球。

（3）联系生活实例。即将学习内容与学生的生活实际相联系，通过讲述或展示与学生生活密切相关的实例来导入新课。这样既能让学生感受到学习的实用性，又能激发他们的学习兴趣。

（4）使用故事或寓言。即讲述一则与主题相关的有趣故事或寓言，通过生动的情节和形象的人物来吸引学生的注意力。同时，故事或寓言可以帮助学生理解抽象的概念或原理。其中，故事可以是有趣的历史事件、虚构的冒险故事或与学生生活紧密相关的情境。要确保故事引人入胜，且与主题紧密相连。

（5）创造惊喜。在导入时创造一些意外的惊喜，如展示一个特别的实验、播放一段有趣的短片或展示一件与主题相关的奇特物品。这些惊喜能够迅速吸引学生的注意力，并激发他们的好奇心。

2.悬念导入的注意事项

（1）悬念要适度。教师在设计悬念时，要注意适度原则，既要能够引发学生的好奇心和求知欲，又不能过于复杂或难以理解，以免挫伤学生的学习积极性。

（2）与教学内容紧密相关。悬念导入要与教学内容紧密相关，不能脱离教学目标和要求。同时，要注意引导学生将所学知识与实际生活联系起来，提高学生的实际应用能力。

（3）注意时间控制。悬念导入只是教学过程中的一个环节，不能占用过多时间。教师要合理安排时间，确保在有限的时间内完成教学任务并取得预期的教学效果。

3.悬念导入和问题导入的区别

（1）依据不同。

悬念导入是教师通过制造悬念来激发学生兴趣、引起学生积极思考，进而引出新课主题的方法。

问题导入是教师通过设疑来布置"问题陷阱"，让学生在解答问题时不知不觉掉进"陷阱"，产生自相矛盾的解答，引起学生积极思考，进而引出新课主题的方法。

（2）要求不同。

悬念导入的悬念一般是出人意料的，或展示矛盾，或让人迷惑不解。

问题导入所设的疑点要有一定的难度，要使学生暂时处于困惑状态。

（3）效果不同。

悬念导入能激发学生的探索兴趣，使学生想打破砂锅问到底。

问题导入能激发学生的思维，使学生学会思考和解决问题。

## （十四）幽默笑话导入

在国际中文教育教学技能大赛中，使用幽默笑话作为导入部分，可以有效地吸引学生的注意力，提升课堂的趣味性和互动性。

1.幽默笑话导入的实施步骤

（1）明确教学目标与内容。教师需要明确本节课的教学目标和主要内容。这有助于教师选择与之相关且能够自然过渡到教学主题的幽默笑话。

（2）挑选合适的幽默笑话。

①相关性。确保幽默笑话与教学内容紧密相关，能够帮助学生产生对新知识的兴趣和期待。

②适宜性。考虑学生的年龄、文化背景和语言能力，选择适合他们的幽默笑话，避免使用可能引起不适或误解的内容。

③简洁明了。幽默笑话应简洁明了、易于理解，避免过于复杂或冗长的叙述。

（3）设计导入方式。

①直接讲述。教师可以直接讲述幽默笑话，通过生动的语言和表情吸引学

生的注意力。

②多媒体辅助。利用图片、视频等多媒体手段增强幽默笑话的视觉效果，使导入更加生动有趣。

③互动式提问。在讲述幽默笑话前后，教师可以提出与幽默笑话或教学内容相关的问题，引导学生思考并积极参与讨论。

（4）实施导入。

①营造氛围。在讲述幽默笑话前，教师可以通过简短的开场白或背景音乐等方式营造轻松、愉快的课堂氛围。

②讲述幽默笑话。以清晰、流畅的语言讲述幽默笑话，注意控制语速和语调，以增强幽默感。

③观察反馈。在讲述过程中，密切观察学生的反应和表情，以便及时调整幽默笑话的讲述方式或内容。

（5）过渡与衔接。

①总结幽默笑话。讲完幽默笑话后，教师可以简要总结其笑点或寓意，以帮助学生更好地理解幽默笑话与教学内容之间的联系。

②自然过渡。通过简短的过渡语或问题引导学生从幽默笑话中抽离出来，进入正式教学内容的学习阶段。

2.幽默笑话导入的注意事项

在国际中文教育教学技能大赛中，使用幽默笑话作为导入部分时，需要注意以下七个关键问题，以确保幽默笑话不仅能有效吸引观众的注意力，而且能与教学内容紧密相关，从而增强教学效果。

（1）幽默内容的适当性。一定要确保幽默笑话应与教学目的、知识点或文化背景相吻合，使观众在笑声中感受到与教学内容的联系，并能够自然过渡到教学主题，避免产生突兀感。幽默笑话的使用要适度，不宜过多或过少。过多的幽默笑话可能会使观众分心，影响对教学内容的吸收；而过少的幽默笑话可能无法达到预期的吸引效果。要把握好"度"，让幽默成为教学的点缀而非主导。

（2）幽默表达的方式。

①语言准确性。确保幽默笑话中的语言准确无误，避免因语言错误而引发的误解或尴尬。同时，要根据观众的语言水平和文化背景，选择易于理解和接

受的表达方式。

②时机把握。选择合适的时机（如在课程开始时、学生注意力分散时或需要缓解紧张氛围时）讲述幽默笑话。通过恰当的时机选择，使幽默成为教学过程中的润滑剂。在实际讲课过程中，教师需要根据学生的反应和课堂氛围灵活调整幽默笑话的使用方式和时机。若某个幽默笑话没有起到预期效果或引起了不适反应，则应及时停止并转换话题。

（3）尊重学生感受。

①观察反馈。在讲述幽默笑话时，首先要密切观察学生的反应（如表情、笑声等），然后根据学生的反馈及时调整幽默的程度和方式，确保幽默笑话能够产生积极的效果。

②尊重学生。确保幽默笑话内容不涉及敏感话题或歧视性言论，尊重每名学生的感受和文化背景。避免使用可能引起不适或具有歧视性的幽默笑话内容。

（4）结合教学目标。

①明确目的。在准备幽默笑话时，要明确其在教学中的目的和作用是吸引学生的注意力、缓解紧张氛围，还是引出某个知识点。只有明确了目的，才能更好地发挥幽默笑话的作用。

②融入教学。将幽默笑话自然地融入教学过程中，使其成为教学的一部分，而非孤立的存在。通过幽默笑话的引导，学生能够更加积极地参与到课堂学习中。

（5）避免过度依赖。虽然幽默笑话导入可以吸引学生的注意力，但是教师应避免过度依赖这种方式，以免削弱教学内容的严肃性和深度。

（6）精心挑选。从多角度、多方向挑选合适的幽默笑话，并酌情进行修改，以适应教学需要。可以从网络、图书、电影等多种渠道获取灵感。

（7）预先演练。在正式讲课前，教师应进行多次演练，确保幽默笑话的讲述流畅自然且能够取得预期效果。同时，要注意调整语速、语调等细节，以增强幽默感。

（十五）情境模拟导入

情境模拟导入是一种教师根据教学内容的特点，通过模拟特定情境来引导学生进入学习、讨论或活动状态的方法。教师通过音乐、图画、动画、录像或满怀激情的语言等构建一种与主题相关的具体、新奇、生动、有趣的学习情境，让学生在模拟的情境中亲身体验、思考和感受，从而唤起学生情感上的共鸣，引导学生进行联想，让学生身临其境地学习。情景模拟导入可以展示教师的教学创造力。例如，如果课程内容与餐饮有关，那么可以构建一个模拟的餐厅点餐场景，让学生学习与"点菜"有关的表达。教师可以从自己出国任教或来华留学生学习的点菜经历切入，创设具体的语境，帮助学生充分感悟词语、语法的意义及深层色彩，进而提高学生的语言交际能力。在国际中文教育教学技能大赛中，情境模拟导入是一种有效的教学方法，能够迅速吸引学生的注意力，激发学生的学习兴趣，并帮助他们更好地理解课文内容。

1.情境模拟导入的实施步骤

（1）确定导入主题与目标。

①分析课文内容。首先，教师需要深入研读课文，明确课文的主题、核心内容和教学目标。

②选定情境。根据课文内容，确定一种与之紧密相关的模拟情境。这种情境既可以是现实生活中真实存在的场景，也可以是虚构的但具有代表性和启发性的场景。例如，如果主题是关于团队协作的，可以模拟一个团队项目执行的情境；如果主题是关乎消费者权益保护的，可以模拟一个消费者维权的情境。情境的选择应能够激发学生的兴趣，并有助于他们理解和掌握课文知识。

（2）设计情境模拟方案。

①角色分配。根据情境需要，为每名参与的学生分配不同的角色和任务，以激发他们的参与热情和创造力；任务设定应明确具体，与主题紧密相关，能够引导观众或参与的学生在模拟情境中积极思考和行动。角色的设定应具有一定的代表性和典型性，能够反映课文中的关键人物或事件。

②情节设计。设计情境模拟的具体情节，包括场景布置、角色分配、任务设定等，确保情节紧凑、连贯，且能够突出课文的重点和难点。情节中可以包含对话、动作、情感表达等元素，以增强模拟的真实性和感染力。

③道具准备。根据情境需要，准备相应的道具，如服装、布景等。道具的使用可以帮助学生更好地融入情境，增强模拟效果。

（3）实施情境模拟导入。

①引入情境。通过简短的语言描述或多媒体展示，向学生介绍情境的背景

和设定，激发学生的学习兴趣和好奇心。

②角色表演。学生按照分配的角色进行表演，通过对话、动作等方式展现情境中的故事情节。教师可以在一旁引导或叙述旁白，帮助学生更好地把握角色和情节。

③互动讨论。表演结束后，教师可以组织学生进行互动讨论，让学生分享自己的感受和体会。通过讨论，学生可以进一步加深对课文内容的理解，并锻炼自己的语言表达能力和思维能力。

（4）模拟情境展开。在情境模拟过程中，学生根据各自的角色和任务，在模拟的情境中展开行动和对话。这时，教师可以适时地给予提示、引导或挑战，以激发学生的思考和创造力，推动情境模拟的深入发展。同时，教师应注意观察和记录学生的表现和反应，以便为后续的分析和讨论提供素材。

（5）总结与过渡。

①总结情境模拟。对情境模拟的过程和结果进行简要总结，强调其中的重点和亮点，以及学生表现突出的地方。

②过渡到新课。在总结的基础上，自然过渡到新课的讲授。教师可以指出情境模拟与课文内容之间的联系，引导学生将模拟中的体验和感受与课文内容相结合，从而更好地理解和掌握新知识。

2.情境模拟导入的注意事项

在国际中文教育教学技能大赛中使用情境模拟导入时，需要注意一些关键事项，以确保其有效性和吸引力。以下是一些使用情境模拟导入时重要的注意事项。

（1）紧扣教学目标。情境模拟的设计必须紧密围绕教学目标，确保模拟的内容与课文的主题、知识点紧密相连，这样有助于学生理解和掌握教学目标。

（2）以学生为中心。在设计情境模拟时，应充分考虑学生的年龄、兴趣、语言水平等因素，确保情境能够吸引学生，关注学生的参与度，鼓励每名学生积极参与表演和讨论，确保每名学生都能从中受益。同时，要关注学生在模拟中的表现和反馈，及时调整教学策略。

（3）清晰明确的任务。在模拟开始前，教师应向学生明确任务和要求，确保他们知道自己在模拟中需要扮演的角色、完成的任务及达成的目标。这有助于学生更好地投入模拟，增强模拟效果。

（4）真实性与趣味性并重。情境模拟应尽可能贴近现实生活，具有一定的真实性，以便学生能够更好地理解和接受。同时，为了激发学生的学习兴趣，模拟内容应具有一定的趣味性和创新性，能够吸引学生的注意力。

（5）合理控制时间。在国际中文教育教学技能大赛中，情境模拟导入只是课堂教学的一个环节，因此，教师需要合理控制情境模拟的时间，确保其既不过于冗长而影响整体教学进度，也不过于简短而无法充分展示效果，确保整个教学过程顺利进行。

（6）有效的互动与反馈。情境模拟不仅是一个表演的过程，更是一个互动与反馈的过程。教师应积极引导学生参与情境模拟中的互动，鼓励他们发表自己的观点和看法。同时，教师要及时给予学生反馈，肯定他们的优点，指出他们需要改进的地方，以帮助他们更好地成长。

（7）技术与资源的合理利用。在情境模拟中，教师可以适当利用多媒体技术、实物道具等资源来增强模拟的真实性和趣味性。然而，这些资源的使用应适度且有效，不应成为干扰学生注意力的因素。

（8）文化敏感性。在设计情境模拟时，教师应注意文化敏感性，避免使用可能引起学生不适或误解的内容。特别是在跨文化教学中，更要注重尊重和理解不同文化的差异。

（9）灵活应变。尽管教师可以提前准备情境模拟的详细方案，但在实际教学过程中，可能会遇到各种意外情况，因此，教师需要具备灵活应变的能力，根据实际情况调整模拟方案，确保教学活动的顺利进行。

（10）自我评估。使用情境模拟导入，需要教师有丰富的语汇和很强的语言表现力。如果教师语言表现力稍显匮乏，那么通过叙述难以营造文字所要表达的氛围。在试讲过程中，由于多数情况下无教具、无准备，因此创设情境完全依靠语言描述，这更加考验教师的语言表达能力和基本素养。

（十六）文化对比导入

文化对比导入是指在汉语教学过程中，教师选取两种或多种文化中的相似或不同元素进行对比，通过分析和讨论这些差异，引导学生理解汉语语言特点、文化背景及价值观念等。在国际中文教育教学技能大赛中，文化对比导入是一种有效的教学策略，旨在通过对比不同文化之间的差异来帮助学生更深入地理解汉语及其背后的文化内涵。

1.文化对比导入的实施步骤

（1）确定对比主题。

①选择文化元素。根据教学内容和目标，选择具有代表性和对比性的文化元素。这些文化元素包括节日、习俗、价值观、社会规范、艺术形式等。

②明确对比点。确定要对比的具体方面，如庆祝节日的方式、习俗的异同、价值观的差异等。

（2）准备对比材料。

①收集资料。通过图书、网络、视频等多种渠道收集关于所选文化元素的详细资料。

②整理资料。将收集到的资料进行整理，提炼出关键信息和对比点，确保资料准确、全面、易于理解，避免引入误导性信息。

③制作教具。根据需要制作PPT、视频、图片等教具，以便在课堂上直观地展示对比内容。

（3）设计导入环节。

①引入话题。通过提问、讲故事、展示图片或视频等方式，引起学生对所选文化元素的兴趣和关注。

②明确对比目的。向学生说明本次对比的目的和意义，引导他们思考文化差异对语言学习和跨文化交际的影响。

③设计对比表格或PPT。设计清晰明了的对比表格或PPT，列出不同文化在对比主题上的异同点，通过表格、图片等方式直观地展示文化差异。

（4）实施对比教学。

①展示对比内容。在课堂开始时，向学生介绍对比主题和目的，利用教具和资料，逐一展示所选文化元素的对比内容。

②引导学生思考。在展示过程中，适时提出问题，引导学生思考文化差异的原因、影响及如何应对这些差异。

③讨论与交流。组织学生进行小组讨论或全班交流，分享各自的观点和看法，促进思维碰撞和深入理解。

④过渡到教学内容。在学生充分讨论和交流后，教师适时地过渡到教学内容上。对比分析的结果，能帮助学生更好地理解汉语语言特点和文化内涵。

（5）总结与拓展。

①总结对比结果。对本次对比教学进行总结，概括出主要的文化差异和共同点。

②拓展学习。鼓励学生进一步探索相关文化元素，了解更多关于不同文化的知识和信息。

2.文化对比导入的注意事项

（1）明确教学目标。要清晰界定文化对比导入的教学目标是为了加深学生对某个文化点的理解，还是为了培养他们的跨文化交际能力。明确目标有助于设计有效的教学内容和活动。

（2）选择恰当的文化元素。选择具有代表性和对比性的文化元素至关重要。这些元素应该能够引起学生的兴趣，同时能够帮助他们理解汉语及其文化背景。不要选择过于复杂或敏感的话题，以免引发误解或争议。

（3）尊重文化差异。在对比过程中，要尊重不同文化的独特性和多样性，避免使用贬低或歧视性的语言。

（4）保持客观中立。在对比不同文化时，要保持客观中立的态度，避免使用带有偏见或歧视性的语言，尊重每种文化的独特性和价值。要通过呈现事实和数据来支持对比点，而不是主观臆断或持有偏见。

（5）注重学生参与。充分发挥学生的主体作用，鼓励他们积极参与讨论和交流，增强课堂互动性和教学效果。文化对比导入不仅仅是教师的讲解，更重要的是学生的参与和互动。教师要设计多样化的教学活动（如小组讨论、角色扮演、案例分析等），鼓励学生积极发表意见、分享经验和提出问题。这样可以激发学生的学习兴趣，提高他们的参与度，增强学习效果。

（6）合理分配时间。在国际中文教育教学技能大赛中，时间是非常宝贵的资源。因此，在设计文化对比导入时，要合理分配时间，确保有足够的时间来深入讲解和讨论关键文化点，同时避免因细节上过分纠缠而导致比赛时间不足。

（7）结合语言教学。文化对比导入是为了更好地进行语言教学，因此，在对比文化时，要紧密结合汉语语言点进行教学。例如，可以通过对比不同文化中的问候语、称谓语等来讲解汉语中的礼貌用语和社交规范。

（8）准备充分的教学材料。为了使文化对比导入更加生动、直观，教师需要准备充分的教学材料,如图片、视频、PPT等。这些材料应具有代表性和趣味性,能够吸引学生的注意力并激发他们的学习兴趣。教师应结合实际情况,根据学生的语言水平、认知能力和文化背景等因素,选择合适的对比主题和难度,确保教学效果最大化。

(9)关注学生的学习反馈。在教学过程中,教师要时刻关注学生的学习反馈,通过提问、观察、讨论等方式来了解学生对文化对比点的理解程度和兴趣点。教师要根据学生的反馈,及时调整教学策略和教学方法,确保教学效果最大化。

(10)注重跨文化意识的培养。文化对比导入不仅是为了传授知识,更重要的是培养学生的跨文化意识。在教学过程中,教师要引导学生尊重和理解不同文化之间的差异和共性,培养他们的跨文化交际能力和全球视野。

(11)遵守比赛规则。在准备和进行文化对比导入时,教师要仔细阅读比赛指南和评分标准,确保自己的教学内容和活动符合比赛要求。同时,教师要注意时间控制、语言表达和课堂管理等方面的细节问题,以展现自己的教学水平和专业素养。

## (十七)角色扮演导入

角色扮演导入是指在国际中文教学过程中,教师根据教学内容和目标,设计一系列的角色和情境,让学生进行角色扮演并参与到模拟的情境中,通过表演和互动来引入新知识或巩固已学内容。在国际中文教学过程中,角色扮演导入是一种生动、有趣且富有成效的教学方法。这种方法通过让学生扮演不同的角色,模拟实际场景或情境,激发学生的学习兴趣,提高他们的参与度和理解能力。例如,在商务汉语课上,可以让学生扮演老板、客户、秘书等角色,通过模拟活动提高学生的语言运用能力,顺利导入本节课内容。

### 1.角色扮演导入的实施步骤

(1)确定主题和情境。根据教学内容和目标,确定适合角色扮演的主题和情境。选择与学生生活贴近、易于理解和操作的情境。

(2)设计角色和剧本。设计不同角色及其对话内容,确保角色设定合理、对话内容符合情境。既可以提前编写剧本供学生参考,也可以鼓励学生自由发挥。

（3）分配角色和准备。根据学生的特点和兴趣分配角色，确保每名学生都能参与到活动中。给学生一定的时间准备，包括熟悉角色、准备道具等。

（4）进行角色扮演。在课堂上，教师组织学生进行角色扮演，并给予适当的指导和帮助，鼓励学生大胆表演，展现自己的才能和创意。

（5）讨论和总结。角色扮演结束后，组织学生进行讨论，分享感受和收获。教师对活动进行总结，指出学生的优点，对学生的不足提出改进建议。

2.角色扮演导入的注意事项

（1）明确教学目标与导入目的。教师需要明确本节课的教学目标，以及通过角色扮演想要达到的教学目的。例如，本节课的教学目标是希望提高学生的口语表达能力，还是希望加深学生对某个知识点的理解。应确保角色扮演的内容与本节课的教学内容紧密相关，避免偏离主题。

（2）注重过程引导与监控。在角色扮演开始前，教师应向学生明确说明游戏规则和评价标准，确保活动有序进行。在角色扮演过程中，教师要注意引导学生的情绪变化，确保他们能够以积极、投入的态度参与活动。同时，教师应关注角色之间的人际关系调整，促进学生之间的沟通与合作。

（3）确保角色合理。设计的角色应符合学生的年龄、性别、兴趣等特点，避免造成不必要的误解或歧视。不要强迫不愿意参加表演的学生扮演角色，要尊重他们的个人意愿和选择。确保角色扮演活动在安全的环境中进行，避免发生意外情况。

（4）控制时间。合理控制角色扮演的时间，不要因时间过长而导致课堂节奏拖沓或学生疲劳，避免因占用过多课堂时间而影响其他教学内容。

（5）注重引导。教师应及时给予学生指导和帮助，确保活动顺利进行并取得预期效果。

（6）鼓励创新。教师应鼓励学生自由发挥创意，不要过分拘泥于剧本或台词。

（7）观察记录与即时反馈。在角色扮演过程中，教师要仔细观察学生的表现，记录他们的优点和不足，以便后续进行有针对性的指导和评价。角色扮演结束后，教师应及时给予学生反馈，指出他们表现的亮点和需要改进的地方。同时，鼓励学生进行自我反思和相互评价。通过讨论和总结，教师可以帮助学生梳理在角色扮演中学到的知识和技能，提升他们的语言运用能力和交际能力。

## （十八）头脑风暴导入

头脑风暴（brainstorming)是一种培养学生发散性思维的方法，也是课堂导入的一种好方法。它提倡以学生为中心，注重激发学生的学习兴趣，帮助学生明确学习动机，创设符合教学内容要求的情景，挖掘新旧知识之间联系的线索。头脑风暴可以让学生在宽松的氛围中敞开思路，回忆学过的知识，发表自己的意见和想法。教师可以通过学生给出的信息找出涉及课文的主要内容来导入新课。头脑风暴是一种集体思考的方法，通过自由联想和讨论，产生大量的新想法和创意。在国际中文教育中，头脑风暴导入是一种富有创意和实效的教学方式，它能够激发学生的思维活力，促进学生对中文语言和文化的深入理解。在课程开始前或特定教学环节中，教师引导学生围绕某个与中文学习相关的主题进行思考和讨论，以此激发学生的学习兴趣和动力。头脑风暴活动可以展示教师的创新思维和教学设计，展示教师是如何激发学生的创造力和语言能力的。

1.头脑风暴导入的实施步骤

（1）确定主题。教师根据教学内容和目标，确定一个与中文学习紧密相关的主题作为头脑风暴的议题。

（2）准备材料。教师根据主题准备相关的图片、视频、音频等教学材料，以便在头脑风暴过程中进行展示和引导。

（3）明确规则。教师向学生说明头脑风暴的规则和要求，如鼓励自由发言、不批评他人的想法等。

（4）开展活动。教师组织学生围绕主题进行头脑风暴活动，引导他们积极发言、相互启发、共同思考。

（5）总结归纳。在头脑风暴活动结束后，教师对学生的发言进行总结归纳，提炼出有价值的新想法和创意点。

2.头脑风暴导入的注意事项

（1）确保主题相关性。选择的头脑风暴主题应与国际中文教学内容和目标紧密相关，避免偏离主题。

（2）营造宽松氛围。在头脑风暴过程中，教师应努力营造宽松、自由的讨论氛围，鼓励学生大胆发言，表达自己的想法。

（3）注重引导和反馈。在头脑风暴过程中，教师应及时给予学生引导和反馈，帮助他们厘清思路、完善想法。

（4）合理分配时间。根据教学计划和进度，合理分配头脑风暴活动的时间，确保活动能够顺利进行并取得预期效果。

## （十九）语言点对比导入

在国际中文教育教学技能大赛中，语言点对比导入是一种有效的教学策略，它通过对比不同的语言现象或结构，帮助学生更清晰地理解和掌握目标语言点。

### 1.语言点对比导入的实施步骤

（1）明确对比目标与语言点。

①选定语言点。明确本次对比导入所要讲解的汉语语言点。这个语言点应是教学中的重点或难点，且适合通过对比来加深理解。应清晰界定本次对比导入所要达成的教学目标，即希望学生通过对比理解来掌握哪些具体的语言点。

②确定对比对象。根据目标语言点的特点，选择与之相似但存在显著差异的其他语言现象或结构作为对比对象。这些对比对象应具有代表性，能够凸显目标语言点的独特性和重要性。

（2）准备对比素材与例句。

①搜集素材。搜集与目标语言点和对比对象相关的例句、语境或实际使用案例。这些素材应来源于真实的语言材料，如教材、文学作品、新闻报道等。

②编写例句。根据对比目标，编写一系列包含目标语言点和对比对象的例句。例句应简洁明了、易于理解。教师通过对比展示例句，引导学生发现语言点之间的差异和联系。

（3）设计对比导入过程。

①引入话题。通过提问、讲述背景知识或展示相关图片等方式，引出对比话题，激发学生的学习兴趣和好奇心。创设对比情境，根据对比点和目标语言点，创设一个或多个具体的语言使用情境，让学生在真实或模拟的语境中感受不同语言现象或结构的差异。

②展示对比。逐一展示目标语言点和对比对象的例句或语境，不要一次性

地将所有对比点全部呈现给学生，而应逐步展示，引导学生逐步发现差异和规律。教师可以通过板书、PPT展示或口头讲解等方式进行展示对比。

③引导分析。教师通过提问、讨论等方式，引导学生分析对比对象和目标语言点之间的异同点。教师可以适时提供提示或引导，帮助学生深入理解。

④总结归纳。教师在对比分析的基础上，引导学生总结归纳目标语言点的特点和用法。教师可以进行总结发言，强调重点，帮助学生巩固所学知识。

（4）强化练习与巩固。

①设计练习。针对对比导入的内容，设计多样化的练习活动，如填空、选择、造句、翻译等。教师通过练习活动，帮助学生巩固所学知识，提高语言运用能力。

②反馈与调整。及时给予学生练习反馈，指出他们的错误和不足，并给出具体的改进建议。教师应根据学生的实际情况调整教学策略和进度，确保每名学生都能跟上教学节奏。

2.语言点对比导入的注意事项

（1）确保准确性。在对比导入过程中，要确保所使用的例句、语境和解释都是准确无误的，避免误导学生。

（2）注重互动性。在对比导入过程中，要注重与学生的互动交流，鼓励学生积极参与讨论和分析，激发他们的学习兴趣和积极性。

（3）关注个体差异。不同学生的语言水平和认知能力存在差异，教师应关注个体差异，因材施教，调整对比导入的难度和深度，确保每名学生都能从对比导入中受益。

（4）注重实用性。对比导入应紧密结合学生的实际需求和日常生活场景，确保所学语言点具有实用性和可操作性。

（二十）引用名言/谚语导入

在国际中文教育教学技能大赛中，引用名言/谚语导入是一种经典且有效的方式，能够迅速吸引学生的注意力，并营造浓厚的课堂氛围。这需要教师在准备阶段精心挑选和深入理解所选内容，在呈现阶段清晰展示并解释含义，在引导阶段提出问题并鼓励讨论，在过渡阶段自然过渡到教学内容上，在总结阶段简短总结和激发兴趣。这些步骤的有机结合，可以实现有效的课堂导入，增强教学效果。

1. 引用名言/谚语导入的实施步骤

（1）准备阶段。

①精心挑选。教师根据教学内容和目标，精心挑选与主题紧密相关、富有启发性和趣味性的名言/谚语。应确保所选内容既能体现课程精髓，又能激发学生的兴趣。

②深入理解。教师对所挑选的名言/谚语进行深入分析，掌握其背后的含义、来源和故事背景。这有助于在导入过程中对其进行更准确的解释和阐述。

③设计过渡。教师应思考如何将所选名言/谚语自然地过渡到本节课的教学内容上，应设计好过渡语和导入流程。

（2）呈现阶段。

①清晰呈现。在课堂上，教师可以通过口头讲述、板书或多媒体展示等方式，将所选名言/谚语清晰地呈现给学生。教师在讲述过程中，要注意语速适中，确保每名学生都能听清并理解。

②解释含义。在呈现名言/谚语后，教师应进行简要的解释和阐述，帮助学生理解其含义和背后的道理。解释时，应简洁明了，避免语句冗长和复杂。

（3）引导阶段。

①提出问题。教师可以围绕所选名言/谚语提出问题，引导学生进行深入思考。问题应具有一定的启发性和挑战性，能够激发学生的思维活力。

②鼓励讨论。鼓励学生就问题展开讨论和交流，分享自己的见解和看法。教师可以适时地给予引导和反馈，确保讨论围绕主题进行。

（4）过渡阶段。

①自然过渡。在学生充分讨论和交流后，教师应通过过渡语将话题自然过渡到本节课的教学内容上。过渡时，应保持流畅和连贯，避免突兀和生硬的表达。

②明确目标。在过渡过程中，教师应明确本节课的教学目标和学习重点，让学生清楚本节课将要学习的内容和方向。

（5）总结阶段。

①简短总结。在导入环节结束后，教师可以对所选名言/谚语和导入过程进行简短总结，强调其在教学中的作用和意义。

②激发兴趣。教师应通过总结，进一步激发学生的学习兴趣和求知欲，为后续的课堂教学奠定良好的基础。

2.引用名言/谚语导入的注意事项

（1）准确性与真实性。

①确保准确无误。引用的名言/谚语必须准确无误，不可随意更改原文或断章取义。教师应事先核对原文，确保引用的内容完整且无误。

②真实性验证。对于不太熟悉的名言/谚语，教师应进行真实性验证，避免在课堂上引用虚假或错误的信息。

（2）相关性与适用性。

①与教学内容相关。引用的名言/谚语应与本节课的教学内容紧密相关，能够自然引出后续的教学主题。避免使用与课程内容无关或关系不大的名言/谚语。

②适用性评估。教师要根据教学目标和学生特点，评估引用的名言/谚语是否适合当前的教学情境，确保引用的内容既能够激发学生的学习兴趣，又能够服务于教学目标的实现。

（3）文化背景与解释。

①了解文化背景。对于具有特定文化背景的名言/谚语，教师应了解其背后的文化含义和故事背景，以便在课堂上进行恰当的解释和说明。

②清晰解释。在引用名言/谚语时，教师应进行清晰、简洁的解释，帮助学生理解其含义和背后的道理。避免因为解释不清而导致学生产生误解或困惑。

（4）适量与恰当。

①适量引用。避免在课堂上过度引用名言/谚语，以免分散学生的注意力或使课堂内容显得杂乱无章。适量引用能够起到画龙点睛的作用。

②恰当引用。引用的时机和方式应恰当得体，能够自然地融入课堂教学过程。避免生硬地插入名言/谚语或使其与教学内容脱节。

（5）语言风格与表达方式。

①语言风格统一。引用的名言/谚语应与教师的语言风格保持一致，避免因语言风格不统一而影响教学效果。

②表达方式生动。教师可以通过生动的语言、丰富的表情和适当的肢体动

作来呈现名言/谚语，使其更具感染力和说服力。

### （二十一）案例导入

案例导入是指教师通过呈现一个与教学内容紧密相关的具体案例，引发学生的兴趣和思考，从而自然地引入新课内容的教学方法。这种方法强调从学生的实际生活或已有经验出发，通过具体案例的呈现和分析，帮助学生更好地理解和掌握新知识。案例导入在国际中文教育教学技能大赛中的应用需要经历准备阶段、实施阶段和后续阶段三个步骤。

1.案例导入的实施步骤

（1）准备阶段。

①明确教学目标。教师需要明确本节课的教学目标，包括知识目标、能力目标和情感目标。这将有助于教师选择合适的案例来支持教学目标。

②筛选案例。根据教学目标，通过教材、生活实践、新闻报道、文学作品等多种渠道筛选具有代表性的案例。这些案例应具有真实性、典型性和启发性，能够引发学生的共鸣和思考。

③设计导入语。为了更好地引入案例，教师需要设计一段精练而富有吸引力的导入语。导入语应简洁明了，能够迅速吸引学生的注意力，并激发他们的学习兴趣。

（2）实施阶段。

①呈现案例。在讲课开始时，教师可以通过讲述、播放视频、展示图片等方式向学生呈现所选的案例。在呈现过程中，教师应注重细节描述，让学生能够清晰地了解案例的背景、情节和结果。

②提出问题。在呈现案例后，教师可以根据教学内容提出一系列的问题，引导学生对案例进行深入思考和分析。这些问题可以涉及案例的原因、过程、结果及启示等方面。

③讨论与交流。教师可以组织学生进行小组讨论或全班交流，鼓励他们发表自己的观点和看法。在讨论过程中，教师应注重引导学生运用所学知识进行分析和推理，培养他们的思维能力和表达能力。

④总结与归纳。讨论结束后，教师应对学生的观点和看法进行总结与归纳，明确案例所蕴含的教学价值和意义。同时，教师可以将案例与教材内容相

结合，进一步加深学生对知识点的理解和记忆。

（3）后续阶段。

①巩固练习。为了巩固学生对知识点的掌握情况，教师可以设计一些与案例相关的练习题或实践活动，让学生在实践中运用所学知识解决问题。

②反馈与评价。在讲课结束后，教师可以通过课堂观察、作业检查等方式了解学生的学习情况，并给予及时的反馈和评价。对于学生在学习中存在的问题和不足之处，教师应给予针对性的指导和帮助。

③反思与改进。教师应对本次讲课过程进行反思和总结，分析案例导入法的实施效果，以及存在的问题和不足之处。同时，教师应根据学生的学习情况和反馈意见对教学方法进行改进和优化，以提升教学效果和质量。

2.案例导入的注意事项

（1）案例的选择与准备。

①相关性。所选案例应与本节课的教学内容紧密相关，能够直接支持或阐释教学主题。不要选择与教学内容无关或关联度不高的案例，以免分散学生的注意力。

②典型性。案例应具有代表性，能够反映汉语学习中的常见问题或难点，这有助于学生通过分析案例来理解和掌握相关知识。

③真实性。尽量选择真实发生的案例或者基于真实情境进行改编的案例。真实的案例更能引起学生的共鸣，激发他们的学习兴趣。

④时效性。尽量选择与学生生活背景相近、近期发生的案例，这样可以更好地贴近学生的实际需求和激发他们的学习兴趣。

（2）导入过程的控制。

①简洁明了。导入环节应简短而有力，避免冗长复杂的描述。用精练的语言引出案例，能够迅速吸引学生的注意力。

②设置悬念。在呈现案例时，教师可以适当设置悬念或疑问，激发学生的好奇心和求知欲，促使他们主动参与到后续的教学活动中。

③引导学生思考。在导入过程中，教师应注重引导学生对案例进行思考和分析，而不是简单地告诉他们答案。提问、讨论等方式可以激发学生的思维活动。

（3）教学目标的达成。

①明确教学目标。在准备案例时，教师要始终围绕本节课的教学目标进

行，确保所选案例有助于教学目标的达成，避免偏离主题。

②强化知识点。在引导学生分析案例过程中，教师要适时地强化本节课的重点和难点。教师通过对案例进行分析，可以帮助学生更好地理解和掌握相关知识。

③培养能力。除了传授知识，教师还要注重培养学生的分析、推理、表达等能力。教师通过对案例的分析，可以引导学生运用所学知识解决问题，提高学生的综合能力。

（4）师生互动与反馈。

①鼓励学生参与。在导入过程中，教师要鼓励学生积极参与讨论和交流。小组合作、全班讨论等方式有助于提高学生的参与度和互动性。

②及时给予反馈。在学生发表观点或提出疑问时，教师要及时给予反馈和指导，肯定学生的正确观点，纠正他们的错误理解，帮助他们建立正确的知识体系。

③关注个体差异。在导入过程中，教师要关注学生的个性差异和学习需求，针对不同层次的学生，应采取不同的教学策略和方法，确保每名学生都能从中学有所获。

（二十二）艺术欣赏导入

艺术欣赏导入是通过引导学生进入艺术作品的世界，激发他们的审美兴趣，提升他们的艺术鉴赏能力。在国际中文教育教学技能大赛中，艺术欣赏导入是一种富有创意和吸引力的方法，它能够迅速吸引学生的注意力，并激发他们的学习兴趣。

1.艺术欣赏导入的实施步骤

（1）准备阶段。

①选择艺术作品。教师要根据课程内容和学生特点，精心挑选与主题紧密相关且富有感染力的艺术作品。这些作品可以是音乐、绘画、雕塑、影视作品等多种形式。

②了解作品背景。教师要深入研究所选艺术作品的创作背景、作者意图、艺术特色等，以便在导入时能够准确传达给学生。确保所选艺术作品具有较高的艺术价值和审美水平，能够引发学生的共鸣和思考。

③设计导入语。准备一段简洁明了、引人入胜的导入语，用于引出对艺术作品的欣赏，并引导学生进入学习情境。

（2）呈现阶段。

①展示艺术作品。利用多媒体设备或实物展示等方式，将所选艺术作品呈现给学生，提升艺术作品的呈现效果，增强学生的沉浸感。应确保展示效果清晰、生动，能够吸引学生的注意力。避免所展示的艺术作品因模糊或尺寸过小而影响学生的观赏体验。

②介绍作品信息。在展示艺术作品的同时，简要介绍作品的名称、作者、创作年代等基本信息，使学生建立初步的认识。

（3）欣赏阶段。

①引导学生观察。鼓励学生仔细观察艺术作品的细节（如色彩、线条、构图等），感受作品的艺术魅力。引导学生发现作品中的艺术元素和表现形式。

②启发思考。通过提问或讨论的方式，引导学生思考艺术作品所表达的情感、主题或思想内涵，以激发学生的想象力和创造力。

③分享感受。邀请学生分享自己对艺术作品的感受和理解，鼓励学生勇于表达自己的想法和观点。

（4）过渡阶段。

①总结艺术作品。对艺术作品进行简要的总结和评价，强调其与课程内容的关联性和重要性。

②自然过渡。通过巧妙的过渡语或问题引导，将学生的注意力从艺术作品转移到课程内容上，为后续的学习做好铺垫。

2.艺术欣赏导入的注意事项

（1）针对性。导入内容应与教学目标和艺术作品紧密相关，避免偏离主题。

（2）趣味性。导入方式应具有趣味性，能够吸引学生的注意力，并激发他们的兴趣。

（3）启发性。导入过程应能够引发学生的思考，促进他们对艺术作品的深入理解和感悟。

（4）时间控制。导入时间不宜过长，以免影响后续的教学进度。

（二十三）身体语言/手势导入

在国际中文教育教学技能大赛中，利用身体语言/手势导入是一种生动且有效的方式，能够吸引学生的注意力，增强课堂互动，并帮助学生更好地理解课程内容。身体语言/手势导入在国际中文教育教学技能大赛中具有重要作用，但需要注意自然与得体、明确与清晰、适度与适量、关注学生反应、结合课程内容及文化差异等关键事项。教师通过合理运用身体语言/手势，可以增强课堂互动性和教学效果，帮助学生更好地理解和掌握汉语知识。

1.身体语言/手势导入的实施步骤

（1）准备阶段。

①明确导入目的。确定身体语言/手势导入的目的，即希望通过这种方式取得什么样的教学效果，如激发学生的兴趣、引导学生思考或帮助学生理解某个概念。

②设计手势动作。根据课程内容和学生特点，设计一系列与主题紧密相关的手势动作。这些手势应简洁明了、易于模仿，且能够直观地传达出所要表达的意思。

③练习与调整。在课前多次练习手势动作，确保自然流畅、准确无误。同时，根据学生的反馈和试讲效果，对手势动作进行必要的调整和优化。

（2）导入实施阶段。

①引入话题。通过提问、讲述故事或展示图片等方式，引导学生进入学习情境，为接下来的身体语言/手势导入做好铺垫。

②展示手势。在讲述或解释某个概念、词汇或句型时，适时地展示设计好的手势动作。手势动作要与讲解内容同步进行，以加强学生的视觉记忆和理解。

③引导学生模仿。鼓励学生模仿教师的手势动作，并尝试将其与学习内容联系起来。学生通过模仿和实践，可以更深入地理解手势所代表的含义和用法。

④互动讨论。组织学生就手势动作展开讨论，分享自己的理解和感受。教师可以引导学生思考手势与学习内容之间的关联，并鼓励他们提出问题和建议。

（3）巩固与拓展阶段。

①总结回顾。在导入结束后，简要回顾手势动作及其所代表的含义和用法，帮助学生巩固记忆。

②拓展应用。引导学生将学到的手势动作应用到实际的学习和生活场景（如课堂讨论、演讲或日常交流）中。学生通过实际应用，可以更好地掌握和运用身体语言/手势。

2.身体语言/手势导入的注意事项

（1）自然与得体。

①自然流畅。身体语言和手势应自然流畅，避免矫揉造作或动作夸张。教师应保持放松的状态，让手势随着讲解内容自然而然地产生。

②得体恰当。身体语言和手势应与课程内容、教学风格及个人形象相符，避免使用不当或冒犯性的动作。

（2）明确与清晰。

①目的明确。在使用身体语言/手势时，要明确其目的和意图，确保学生能够准确理解手势所代表的含义和指向。

②表达清晰。手势和动作应简洁明了，避免模糊不清或产生歧义。教师可以通过多次练习和调整来确保手势的准确性和清晰度，避免误导学生。

（3）适度与适量。

①适度使用。身体语言/手势的使用应适度，不要过于频繁或单调重复。过多的手势可能会分散学生的注意力，而过少的手势可能无法取得预期的教学效果。教师应根据课堂需要和学生反应，适时调整手势的使用频率和幅度。

②适量补充。身体语言/手势应作为口头讲解的补充和辅助，而不是替代。教师应确保口头讲解的完整性和准确性，同时通过身体语言/手势进行必要的强调和补充。

（4）关注学生反应。

①观察反馈。在使用身体语言/手势时，教师应密切关注学生的反应和反馈。教师可以通过学生的表情、眼神和动作等细节，判断手势的有效性和学生的理解程度。

②灵活调整。教师应根据学生的反应和反馈，灵活调整身体语言/手势的使用方式和策略。例如，如果学生表现出困惑或不解，教师可以采用更直观、

更详细的手势进行解释和说明。

（5）结合课程内容。

①紧密相关。身体语言/手势应与课程内容紧密相关，能够直观地传达出所要表达的意思和主题。教师应根据课程内容的特点和需要，设计合适的手势/动作来辅助教学。

②多样化。在讲课过程中，教师可以尝试使用多种类型的身体语言/手势（如指示性手势、描述性手势、情感性手势等），以丰富课堂表现力和感染力；同时身体语言/手势要具有多样性，涉及不同情境和文化背景。

（6）注意文化差异。

①尊重文化。在使用身体语言和手势时，教师应注意文化差异和敏感性。不同的文化背景可能会对相同的手势产生不同的解读和理解，因此，教师应避免使用可能引起误解或冒犯的手势和动作。

②跨文化交流。在教授国际中文或进行跨文化交流时，教师可以适当引入一些具有普遍性和共性的身体语言/手势，以促进不同文化背景下的学生之间的理解和沟通。

## （二十四）模拟旅行导入

在国际中文教育教学技能大赛中，采用模拟旅行导入的方式可以极大地激发学生的学习兴趣，使他们更加投入地参与到课堂学习中。

### 1.模拟旅行导入的实施步骤

（1）准备阶段。

①确定旅行主题。根据课程内容和学生兴趣，确定一个与课程内容紧密相关的旅行主题。例如，如果课程内容是关于中国地理或文化的，可以选择一个具有代表性的城市或景点作为旅行主题。

②搜集资料。搜集与旅行主题相关的图片、视频、文字介绍等资料，用于在课堂上展示和讲解。

③设计旅行路线。根据课程内容，设计一条合理的旅行路线，包括出发地、途经地点、目的地等，并准备好相关的介绍和讲解内容。

④准备教具。根据需要准备地图、PPT课件、实物模型等教具，以增强课堂效果。

（2）导入实施阶段。

①创设情境。通过描述或展示旅行场景（如播放旅行视频、展示旅行照片等），将学生带入模拟旅行的情境中。

②介绍旅行主题。简要介绍旅行主题的背景、特色和意义，激发学生对旅行主题的兴趣和好奇心。

③展示旅行路线。使用地图或PPT课件等，展示旅行路线和途经地点，引导学生了解旅行的整体流程和重要节点。

（3）模拟旅行体验。

①角色扮演。让学生扮演导游、游客等角色，模拟旅行中的交流和互动。

②情景对话。设计一些与旅行相关的情景对话，让学生在模拟旅行中练习汉语口语表达。

③互动问答。通过提问和回答的方式，引导学生思考并了解旅行中的相关知识点和文化内涵。

④引入课程内容。在模拟旅行过程中，适时地引入与课程内容相关的知识点和词汇，让学生在轻松愉快的氛围中学习新知识。

（4）巩固与拓展阶段。

①总结回顾。在模拟旅行结束后，对所学知识点进行总结回顾，帮助学生巩固记忆。

②拓展应用。引导学生将所学知识应用到实际生活中，如制订自己的旅行计划、分享旅行经历等。

③反馈评价。教师通过学生的反馈和评价，了解模拟旅行导入的效果，并对不足之处进行改进和优化。

2.模拟旅行导入的注意事项

（1）明确导入目的。

①紧扣课程内容。模拟旅行导入应紧密围绕课程内容进行设计，确保能够自然地引出后续的教学重点。

②激发学生学习兴趣。模拟旅行能够激发学生的学习兴趣和好奇心，使他们更加主动地参与到课堂学习中。

（2）确保导入内容的真实性和趣味性。

①真实性。模拟的旅行场景、路线和活动应尽可能接近真实情况，让学生

能够感受到身临其境的旅行体验。

②趣味性。设计有趣的旅行活动和情节（如角色扮演、情景对话等），以增加课堂的趣味性和互动性。

（3）注重学生的参与和体验。

①多样化参与方式。提供多种参与方式（如小组讨论、角色扮演、互动问答等），以满足不同学生的学习需求。

②鼓励学生发言。给予学生充分的发言机会，鼓励他们表达自己的观点和感受，增强他们的自信心和语言表达能力。

（4）控制导入时间和节奏。

①合理安排时间。模拟旅行导入的时间不宜过长，一般控制在几分钟到十几分钟，以避免占用过多的课堂时间。

②把握节奏。在导入过程中，要把握好节奏，确保各个环节紧凑有序，不拖沓、不冗余。

（5）注重与后续教学内容的衔接。

①自然过渡。在模拟旅行导入结束后，要自然地过渡到后续的教学内容中，确保整个教学过程的连贯性和一致性。

②强化重点。对于通过模拟旅行导入引出的重点内容，在后续教学中要进行强化和巩固，以确保学生真正掌握和理解。

（6）考虑学生的个体差异。

①差异化设计。针对不同水平和兴趣的学生，可以设计不同难度和内容的模拟旅行导入方案，以满足他们的个性化学习需求。

②关注弱势学生。在导入过程中，要特别关注那些基础较差或参与度不高的学生，给予他们更多的鼓励和帮助。

（7）技术准备与辅助。

①多媒体辅助。利用PPT、视频、音频等多媒体工具来增强模拟旅行的真实感和趣味性。

②技术测试。在课前对所使用的多媒体设备进行充分的测试和准备，以确保能在课堂上顺利使用。

（二十五）辩论赛导入

辩论赛导入是辩论活动的重要环节，旨在快速吸引观众和参赛者的注意力，明确辩论主题，并激发双方辩手的思考和讨论热情。在国际中文教育教学技能大赛中，辩论赛导入是一种有效的教学方式，能够激发学生的思维活力，促进他们对知识点的深入理解和应用。

1.辩论赛导入的实施步骤

（1）准备阶段。

①明确教学目标。教师需要明确辩论赛的教学目标，即希望通过辩论赛达到什么样的教学效果，如提升学生的思辨能力、口语表达能力，或加深学生对某个知识点的理解。

②选择辩题。教师根据教学内容和学生实际情况，选择一个具有争议性、可辨性的辩题。辩题应与课程内容紧密相关，同时能够激发学生的兴趣，让他们有话可说、有理可辩。

③分组与准备。教师将学生分成正反两方，并让他们根据辩题搜集资料和进行准备工作。教师可以提前告知学生辩论赛的规则和流程，确保他们明确自己的角色和任务。

④环境布置。为了营造辩论赛的氛围，教师可以对教室进行简单的布置，如设置正反双方的辩论席、准备计时器、观众席等。

（2）导入实施阶段。

①开场介绍。教师简要介绍辩论赛的目的、规则和流程，激发学生的参与热情。

②陈述观点。正反两方依次陈述自己的观点和论据。在这一阶段，教师可以要求每方限时发言，以确保辩论的紧凑性和高效性。

③自由辩论。进入自由辩论环节，正反两方围绕辩题展开激烈的辩论。教师可以适当引导辩论的方向，确保辩论始终围绕主题进行。

④总结陈词。辩论结束后，正反两方分别进行总结陈词，重申自己的观点和论据。

（3）评价与反馈阶段。

①评委点评。教师或邀请的评委对辩论双方的表现进行点评，指出他们的

优点和不足，并给出改进建议。

②学生互评。教师组织学生进行互评，让他们从同学的表现中汲取经验和教训。

③教师总结。教师对整场辩论赛进行总结，回顾辩论过程中的精彩瞬间和不足之处，并引导学生反思自己的学习收获和成长。

2.辩论赛导入的注意事项

（1）明确教学目标与精选辩题。

①明确教学目标。教师应明确辩论赛的教学目标，即希望通过辩论赛取得什么样的教学效果。这有助于教师设计合适的辩题和辩论流程，确保辩论赛与课程内容紧密相关。

②精选辩题。辩题应具有争议性、可辩性，并与课程内容紧密相关。同时，辩题应能够激发学生的兴趣，让他们有话可说、有理可辩。避免选择过于简单或复杂的辩题，以确保辩论的深入性和有效性。

（2）充分准备与规则说明。

①学生准备。教师提前告知学生辩论赛的规则和流程，让他们有足够的时间搜集资料和进行准备工作。教师应鼓励学生积极参与，充分表达自己的观点和论据。

②说明规则。在辩论开始前，教师应详细说明辩论的规则和注意事项，如发言时间限制、辩论礼仪等，这有助于维护辩论的秩序和公平性。

（3）营造氛围与引导讨论。

①营造氛围。教师通过调整教室布置、使用多媒体工具等方式，营造浓厚的辩论氛围，让学生感受到辩论的紧张与激烈，激发他们的参与热情。

②引导讨论。在辩论过程中，教师应适时引导学生讨论的方向，确保辩论始终围绕主题进行。同时，教师应鼓励学生提出不同的观点和论据，促进思维的碰撞和交流。

（4）关注过程与及时反馈。

①关注过程。在辩论过程中，教师应密切关注学生的表现，包括语言表达、思维逻辑等方面；及时发现并纠正学生的错误，及时给予肯定和鼓励，以增强他们的自信心和参与度，帮助他们提高辩论能力。

②及时反馈。在辩论过程中，教师应适时引导学生辩论的方向，确保辩论

始终围绕主题进行。辩论结束后，教师应给予具体的反馈和建议，肯定学生的优点和进步，指出他们的不足和需要改进的地方。同时，教师应鼓励学生相互评价和学习，共同提高。

（5）注重总结与反思。辩论结束后，教师应对整个辩论过程进行总结和回顾，总结辩论的亮点和不足之处，思考如何更好地激发学生的兴趣和参与度，增强辩论赛的教学效果。

（6）确保公平性。在辩论过程中，教师应确保正反两方都有平等的发言机会和权利，避免任何一方受到不公正的待遇。

（7）控制时间。辩论赛应控制在一定的时间范围内，以确保课堂进度的顺利进行。教师可以设定每个环节的时间限制，并使用计时器进行监控。

## （二十六）诗歌朗诵导入

诗歌朗诵导入是一种充满诗意和艺术氛围的导入方式，它通过朗诵精心挑选的诗歌，引导观众进入一种特定的情感或意境之中，为后续的讨论、学习或活动奠定情感基调。在国际中文教育教学技能大赛中，采用诗歌朗诵导入能够迅速吸引学生的注意力，营造课堂氛围。

### 1.诗歌朗诵导入的实施步骤

（1）准备阶段。

①选择诗歌。根据课程内容和学生特点，精心选择一首与课程内容相关或能够激发学生兴趣的诗歌。诗歌应具有优美的语言、深刻的意境和积极的情感，能够引起学生的共鸣。

②熟悉诗歌。教师要对所选诗歌有深入的理解和感受，熟悉诗歌的内容、节奏、韵律和情感表达。这有助于教师在朗诵时更好地传达诗歌的内涵。

③准备朗诵材料。根据需要准备朗诵所需材料，如诗歌文本、背景音乐等。背景音乐应与诗歌的情感基调相协调，能够增强朗诵的感染力。

（2）导入实施阶段。

①创设情境。教师通过语言描述或多媒体展示等方式，创设一种与诗歌内容相关的情境，让学生感受到诗歌所描绘的画面和情感氛围。

②教师示范朗诵。教师以充满感情的声音和恰当的肢体语言，为学生示范朗诵所选诗歌。在朗诵过程中，教师应注重诗歌的节奏、韵律和情感表达，让

学生感受到诗歌的魅力和美感。

③引导学生感受。朗诵结束后，教师可以引导学生分享自己的感受和理解。通过提问、讨论等方式，让学生深入思考诗歌所表达的主题和情感，激发他们的学习兴趣和探究欲望。

（3）拓展与衔接阶段。

①拓展诗歌内容。教师可以根据课程内容和学生兴趣，适当拓展诗歌的相关内容，如介绍诗歌的创作背景、作者生平、诗歌流派等。这有助于学生更全面地了解诗歌，增强他们的文化素养和审美能力。

②衔接课程内容。在诗歌朗诵导入的基础上，教师应自然地将课程内容与诗歌内容相衔接。教师可以通过引导学生思考诗歌与课程内容之间的联系和共同点，帮助他们更好地理解和掌握课程内容。

2.诗歌朗诵导入的注意事项

（1）选择适合的诗歌。所选诗歌应与课程内容紧密相关，同时符合学生的年龄特点和认知水平。避免选择过于晦涩难懂或与学生生活脱节的诗歌。

（2）注重情感表达。在朗诵过程中，教师应注重情感表达，真诚地投入情感，通过声音的高低起伏、语速的快慢变化等方式，传达诗歌所蕴含的情感和意境。朗诵者可以通过多次练习，使自己的朗诵更加流畅、自然，能够准确传达诗歌的情感和意境。避免机械地背诵或缺乏感情的朗读。

（3）引导学生参与。在导入过程中，教师应积极引导学生参与讨论和分享，激发他们的学习兴趣和探究欲望。同时，要关注学生的反应和反馈，及时调整教学策略和方法。

（4）营造氛围。在朗诵前，教师可以通过音乐、灯光等手段营造一种与诗歌相符的氛围。例如，播放轻柔的音乐，调整灯光的亮度和色彩，使观众在视觉上和听觉上都能感受到一种与诗歌相呼应的美感。这种氛围的营造有助于增强朗诵的感染力，使观众更加投入。

（5）注意时间控制。诗歌朗诵导入环节的时间不宜过长或过短，一般控制在几分钟即可。教师要确保在有限的时间内完成朗诵并顺利过渡到后续的教学内容中。

（二十七）歌曲/韵律导入

歌曲/韵律导入是指在教学活动开始前，通过播放或演唱与教学内容相关的歌曲/韵律，引导学生进入学习状态的一种教学方式。这是一种常见且有效的教学方法，尤其适用于音乐、舞蹈、体育及部分文化课的教学中。通过歌曲/韵律的引入，可以迅速吸引学生的注意力，激发他们的学习兴趣，营造活跃的课堂氛围，并为后续的教学内容做好铺垫。在国际中文教育教学技能大赛中，歌曲/韵律导入是一种生动、活泼且富有节奏感的教学方式，能够迅速吸引学生的注意力，营造轻松愉快的课堂氛围。

1.歌曲/韵律导入的实施步骤

（1）准备阶段。

①选择歌曲/韵律。根据课程内容和学生特点，精心选择一首与课程内容相关或能够激发学生兴趣的歌曲/韵律。确保歌曲/韵律的歌词内容积极健康，旋律优美动听，易于被学生接受和传唱。可以选择经典儿歌、流行歌曲、民族歌曲等不同类型的歌曲/韵律，以满足不同学生的喜好和需求。

②准备播放设备。确保教室内有可用的播放设备（如音响、电脑等），并提前检查设备是否正常工作。

③准备音频文件。准备好歌曲/韵律的音频或视频文件，并确保文件格式与播放设备兼容。

④设计导入语。准备一段简洁明了的导入语，用于引出歌曲/韵律并介绍其与课程内容之间的联系。导入语应富有感染力，能够激发学生的学习兴趣和好奇心。

（2）实施阶段。

①播放歌曲/韵律。在课堂开始时，通过播放设备播放选定的歌曲/韵律。同时，教师可以通过简单的动作或手势引导学生一起跟唱或打节奏，营造活跃的课堂氛围。

②引导学生参与。鼓励学生积极参与歌曲/韵律的演唱或表演。教师可以通过分组竞赛、角色扮演等方式激发学生的参与热情。

③适当指导评价。在学生跟唱或表演过程中，教师可以适时地给予指导和评价，帮助学生更好地理解和掌握歌曲/韵律的内容和节奏。

④衔接课程内容。在歌曲/韵律播放结束后，教师可以通过提问、讨论等方式引导学生思考歌曲/韵律与课程内容之间的联系和共同点。引导学生从歌曲/韵律中提炼出与课程内容相关的知识点或主题思想，为后续的教学活动做好铺垫。

2.歌曲/韵律导入的注意事项

（1）注意相关性。选择的歌曲/韵律应与即将讲解的课程内容紧密相关，能够自然地引出后续的教学内容。这样可以帮助学生建立知识与情感之间的联系，提高学习效率。避免选择与课程内容无关或偏离主题的歌曲/韵律，以免分散学生的注意力，影响教学效果。

（2）注意恰当性。教师应考虑学生的特点和兴趣，根据学生的年龄和认知水平来选择适合的且能够激发学生兴趣的歌曲/韵律，确保学生能够理解和接受，以提高他们的参与度和学习积极性。同时，应确保歌曲/韵律与教学内容紧密相连。避免选择过于成人化或暴力低俗的内容，避免选择与教学内容无关或可能引起争议的歌曲/韵律。

（3）准备充分，确保质量。确保歌曲/韵律的音质清晰，无杂音或干扰，以便学生能够清晰地听到并理解。提前检查播放设备是否正常运行，避免在课堂上出现设备故障等问题。

（4）控制播放时间和音量。避免歌曲/韵律的播放时间过长或音量过大，以免影响教学效果和学生的听力健康。确保在有限的时间内完成导入并顺利过渡到后续的教学内容中。

（5）引导学生积极参与。在歌曲/韵律的播放或演唱过程中，密切关注学生的反应和表情，以便及时调整教学策略。要引导学生积极参与互动和讨论，避免他们只是被动地听或看。

（二十八）新闻/时事导入

新闻/时事导入是指在国际中文教学过程中，教师根据教学内容和目标，选择与之相关的最新的新闻事件或时事热点作为引子，通过介绍、分析或讨论这些新闻/时事，引导学生进入学习状态的一种教学方式。在国际中文教育教学技能大赛中，新闻/时事导入是一种富有时代感和现实意义的教学方式。这种方式通过引入最新的新闻事件或时事热点，将学生的注意力迅速聚焦到课堂内容上，同时激发他们的学习兴趣和思考能力。引入与教学内容相关的新闻或时事，将语言教学与现实世界联系起来，能增强教学内容的时效性和实用性。

将当前的时事热点、流行文化元素或学生感兴趣的话题与教学内容相结合，可以使导入环节更加贴近学生的生活实际和兴趣点。但要注意选择与主题相关且适合学生年龄段的素材。

1.新闻/时事导入的实施步骤

（1）新闻/时事的选择。

①相关性。确保所选新闻/时事与课程内容紧密相关，能够自然引出后续的教学主题或知识点。这有助于学生在了解时事的同时，将所学知识与现实相联系，增强学习的实用性和趣味性。

②时效性。优先选择近期发生的新闻/时事，以保证信息的新鲜度和时效性。这样不仅能吸引学生的注意力，还能让他们感受到学习的现实意义和紧迫感。

③适宜性。根据学生的年龄、认知水平和兴趣特点，选择适合他们的新闻/时事内容。避免选择过于复杂、敏感或与学生生活脱节的话题，以免引起学生的反感和困惑。

（2）导入材料的准备。

①信息准确。在收集和整理新闻/时事资料时，要确保信息准确无误。避免引用未经证实或存在争议的信息，以免误导学生或损害教学的权威性。

②形式多样。根据教学内容和学生特点，准备多样化的导入材料，如PPT展示、视频播放、图片展示等，以吸引学生的注意力并激发他们的学习兴趣。

③设计合理。在设计导入材料时，要注重布局的合理性、色彩的搭配及文字的精练程度。确保材料简洁明了、重点突出，能够迅速传达新闻/时事的核心内容。

（3）导入语的设计。

①简短明了。导入语应简短明了，能够迅速抓住学生的注意力并引出新闻/时事内容。不要使用冗长复杂的句子或过多的专业术语，以免让学生感到困惑或失去兴趣。

②引人入胜。通过提问、设置悬念等方式使导入语具有吸引力，激发学生

的好奇心和探索欲。引导他们思考新闻/时事与课程内容之间的联系或提出相关问题引导他们讨论。

（4）实施导入。

①在课堂开始时，教师向学生介绍新闻/时事，并引导他们关注其中的关键点。

②教师提出问题或组织讨论，引导学生思考新闻/时事与教学内容之间的联系。

③教师鼓励学生发表自己的观点和看法，培养他们的语言表达能力和思维能力。

④在学生充分讨论和交流后，教师适时地过渡到教学内容上。

⑤教师通过对比、分析等方法，将新闻/时事与教学内容相结合，帮助学生更好地理解和掌握知识点。

2.新闻/时事导入的注意事项

（1）确保新闻/时事的真实性。避免引入虚假或有误导性的信息，以免对学生造成不良影响。

（2）关注时效性。选择最新的新闻/时事进行导入，以保持课堂内容的新鲜感和时代感。

（3）紧密结合教学内容。确保新闻/时事与教学内容紧密相关，避免引入与教学内容无关的信息，避免偏离主题或产生误解。

（4）提高学生的参与性。通过提问、讨论等方式引导学生积极参与课堂互动，培养他们的语言表达能力和思维能力。

（5）尊重多元文化。在涉及不同国家和地区的时事时，教师应尊重多元文化，避免使用带有偏见或歧视性的言论。

（二十九）实验导入

实验导入在国际中文教育教学技能大赛中具有独特的作用和优势，但需要教师注意实验内容的选择、实验准备、实验演示、实验总结与过渡及其他相关事项方面的问题。教师通过精心设计和实施实验导入法，可以激发学生的学习兴趣和探究欲望，为后续的教学内容打下良好的基础。

1.实验导入的实施步骤

（1）确定实验内容与教学目标。

①分析教学内容。深入分析本节课的教学内容，明确教学目标和教学重点。

②选择实验内容。根据教学内容和教学目标，选择与之相关且适合在课堂上进行的实验内容。实验内容应具有直观性、趣味性和启发性，能够吸引学生的注意力并激发他们的探索欲望。

（2）准备实验材料与设备。

①列出所需材料。根据实验内容，列出所需实验材料和设备清单。

②准备实验材料。提前收集、准备并检查实验材料，确保其数量充足、质量可靠。

③调试实验设备。对于需要使用的实验设备，提前进行调试和检查，确保其处于良好的工作状态。

（3）设计实验导入环节。

①明确导入目的。明确实验导入的目的，即如何通过实验来激发学生的兴趣和好奇心，进而引出本节课的教学内容。

②设计实验步骤。根据实验内容和教学目标，设计详细的实验步骤和操作流程。确保实验步骤清晰、简单易懂，且适合学生在课堂上进行观察和操作。

③预设问题与思考。在实验导入环节中，预设一些与实验内容相关的问题或思考点，以引导学生进行深入思考和探究。

（4）实施实验导入环节。

①展示实验材料。向学生展示实验所需材料和设备，引起他们的兴趣和好奇心。

②演示实验过程。按照设计的实验步骤和操作流程，向学生演示实验过程。在演示过程中，注意语速适中、操作规范，并适时引导学生观察实验现象和记录实验数据。

③引导学生思考。在演示实验过程后，引导学生思考实验现象背后的原因和规律，并鼓励他们提出自己的疑问和看法。

（5）过渡到教学内容。

①总结实验导入。对实验导入环节进行总结和归纳，强调实验现象与教学

内容之间的联系和呼应。

②引出教学内容。在总结实验导入的基础上，自然而然地引出本节课的教学内容。可以通过提出问题、讲解知识点或展示相关图片等方式来引入新课内容。

2.实验导入的注意事项

（1）实验内容的选择。

①相关性。实验内容应与本节课的教学内容紧密相关，能够直观地展示或解释教学重难点，从而帮助学生更好地理解和掌握新知识。

②安全性。要确保所选实验内容安全，切勿使用有毒、有害或易燃易爆的物质，以避免在实验过程中发生意外事故。

③可操作性。实验内容应具有可操作性，便于在课堂上进行演示和观察。同时，要考虑实验所需材料、设备是否容易获取和准备。

（2）实验准备。

①材料准备。提前收集、准备并检查实验所需材料和设备，确保其数量充足、质量可靠。对于需要特殊处理（如消毒、清洗等）的材料，要按照规定进行预处理。

②设备调试。对于需要使用的实验设备，提前进行调试和检查，确保其处于良好的工作状态。对于复杂的设备，要熟悉其操作方法和注意事项。

③预案制订。制订实验过程中的应急预案，以应对可能出现的突发情况。例如，准备急救药品和设备，了解紧急疏散路线，等等。

④可操作性。选择的实验内容应具有可操作性，适合在课堂上进行演示和观察。

（3）实验演示。

①规范操作。在演示实验时，教师要按照规范的操作流程进行，确保实验步骤正确、操作熟练。同时，教师要注意语速适中、语言清晰，以便学生能够观察和理解。

②安全提示。在实验过程中，教师要时刻关注学生的安全状况，及时提醒学生注意实验安全事项。例如，不要随意触摸实验器材，不要将实验材料放入口中等。要确保实验材料和设备的安全性，避免在实验过程中发生意外事故。

③引导学生观察。在演示实验时，教师要引导学生认真观察实验现象和结

果，并鼓励他们提出问题和思考。教师可通过提问和讨论的方式，激发学生的学习兴趣和探究欲望。

（4）实验总结与过渡。

①总结实验现象。在实验结束后，教师要对实验现象进行总结和归纳，帮助学生理解实验背后的原理和规律。同时，教师要强调实验现象与教学内容之间的联系和呼应。

②引出教学内容。在总结实验现象的基础上，教师自然而然地引出本节课的教学内容，可以通过提出问题、讲解知识点或展示相关图片等方式来引入新课内容。

（5）时间控制。合理安排实验导入环节的时间长度，避免因导入时间过长或过短而影响教学效果。一般来说，实验导入环节的时间应控制在几分钟为宜。

（6）学生参与。在实验导入环节，教师应注重学生的参与度和互动性，鼓励他们积极参与观察和思考过程。教师可以通过小组讨论、提问回答等方式来增强学生的参与感。

（7）教师素养。教师需要具备扎实的专业知识和实验技能，以及良好的教学素养和应变能力。在实验过程中，教师要保持冷静、耐心和细致的态度，以应对可能出现的各种情况。

### （三十）励志导入

励志导入是指教师在教学开始阶段，通过讲述与教学内容相关或能够引发学生共鸣的励志故事、名言警句或个人经历，来激发学生的内在动力和学习热情，引导他们以积极的心态投入到新课内容的学习中。这种方法具有启发性、感染性和激励性等特点，能够帮助学生建立正确的价值观和学习观。教师通过讲述相关成功案例、英雄事迹引出课程内容，能够激励学生，提高学生的学习热情。这种方法能够帮助学生树立信心，增强面对学习困难时的勇气和毅力，从而提升他们的学习效果和兴趣。

1.励志导入的实施步骤

（1）明确教学目标与励志主题。

①确定教学目标。教师需要明确本节课的教学目标，即希望通过励志导入

使学生达到什么样的学习状态或掌握哪些知识点。

②选定励志主题。根据教学目标和学生的实际情况，选择一个具有启发性、激励性的励志主题。这个主题可以是一个成功人士的故事、一句励志名言或是一个与国际中文学习紧密相关的励志故事。

（2）准备励志素材与教学工具。

①搜集励志素材。搜集与励志主题相关的素材，如人物传记、励志视频、名言警句等。确保这些素材真实可信，能够引起学生的共鸣。

②准备教学工具。根据实际需要，准备教学课件、图片、视频等教学工具，以便在导入环节中更好地呈现励志素材。

（3）设计励志导入环节。

①引人入胜的开场。以一段简短而有力的开场白吸引学生的注意力，营造积极向上的课堂氛围。

②呈现励志素材。通过讲述励志故事、播放励志视频或展示名言警句等方式，将励志素材呈现给学生。在呈现过程中，要注重情感的渲染和氛围的营造，使学生能够深受感染。

③引导思考与讨论。在呈现完励志素材后，引导学生思考其中的意义和价值，并鼓励他们分享自己的感受和体会。可以设计一些问题或话题来引导学生进行深入思考和讨论。

（4）过渡与衔接。

①自然过渡。在励志导入环节结束后，教师需要巧妙地过渡到本节课的正文内容。可以通过总结励志素材中的关键点或联系教材内容来实现自然过渡。

②衔接教学内容。将励志主题与本节课的教学内容相结合，说明它们之间的内在联系和相互促进关系。这有助于学生更好地理解和掌握所学知识。

（5）互动与反馈。

①鼓励学生参与。在整个励志导入过程中，教师应鼓励学生积极参与讨论和分享，以提升他们的课堂参与度和学习效果。

②及时反馈。对于学生的回答和表现，教师应及时给予反馈，肯定他们的努力和进步，指出存在的问题并给出改进建议。同时，教师要关注学生的学习状态和情绪变化，及时给予关怀和鼓励。

（6）总结与反思。

①课堂总结。在课程结束时，对本节课的励志导入环节和教学内容进行总结回顾，帮助学生巩固所学知识并感受励志的力量。

②教学反思。教师对本次励志导入的应用效果进行反思和总结，分析存在的问题和不足之处，以便在今后的教学中不断改进和完善。

2.励志导入法的应用

（1）讲述励志故事。教师可以根据教学内容和目标，选择或编写一些与国际中文学习相关的励志故事。这些故事可以是关于成功人士的奋斗历程、普通学生的逆袭故事或具有深刻寓意的寓言故事等。教师通过讲述这些故事，可以引导学生认识到努力学习的重要性和可能性，激发他们的学习动力。

（2）引用励志名言。在教学过程中，教师可以适时地引用一些励志名言或警句，如"书山有路勤为径，学海无涯苦作舟""世上无难事，只怕有心人"等。这些名言简洁有力，能够在一定程度上直接触动学生的心灵，激发他们的斗志和信心。

（3）分享个人经历。教师可以结合自己的学习经历或教学经历，与学生分享一些励志的故事和感悟。教师通过讲述自己的故事，可以拉近与学生的距离，让学生感受到教师的真诚和热情，从而更加信任和尊重教师，进而更加积极地投入到学习中。

3.励志导入的优势

（1）激发学习动力。励志导入能够通过讲述励志故事、引用励志名言或分享个人经历等方式，激发学生的内在动力和学习热情，使他们更加主动地投入到学习中。

（2）树立信心。通过讲述成功人士或普通学生的奋斗历程，能够帮助学生认识到努力学习的重要性和可能性，从而树立信心，使他们相信自己也能够通过努力取得好成绩。

（3）培养积极心态。励志导入能够引导学生以积极的心态面对学习中的困难和挑战，培养他们坚韧不拔和勇往直前的精神品质。

4.励志导入的注意事项

（1）故事选择要恰当。在选择励志故事时，教师要注意其与教学内容和目标的相关性，同时要考虑学生的年龄、兴趣和文化背景等因素，确保故事能够引发学生的共鸣和兴趣。

（2）名言引用要准确。在引用励志名言时，教师要确保名言的准确性和权威性，避免误导学生或产生负面影响。

（3）个人经历要真实。在分享个人经历时，教师要保持真诚和谦逊的态度，确保所分享的经历是真实可信的，以赢得学生的信任和尊重。

以上是总结的30种课前导入方法，有些是常用的，有些是不常用的，参赛者可以根据实际的教学内容和自己的优势进行选择。

## 二、导入时要注意的问题

### （一）明确教学目标和内容

**1.明确教学内容**

参赛者要彻底理解所要教授的知识点、文化背景和教学目标，确保导入内容与本节课的主题紧密相关，能够自然引出后续知识点。

**2.明确教学目标**

明确导入环节的目的（如激发兴趣、设置情境、引出话题、复习旧知识等），以便有针对性地设计导入内容。确保学生能够快速理解本节课的学习目标。明确的导入目标能够确保评委和观众迅速理解导入的意义和价值。因此，要增强导入的针对性和吸引力，确保导入内容准确无误，避免误导学生或产生歧义。

### （二）注重导入的新颖性和趣味性

**1.创新导入方式**

采用新颖、独特的导入方式（如使用短视频、动画、互动游戏等），能够迅速抓住评委和观众眼球，同时结合时事热点、流行文化或学生感兴趣的话题，使导入内容更加贴近实际，以增强导入的吸引力。创新的导入方式能够给学生带来新鲜感，激发他们的学习兴趣和参与度。

**2.增加趣味性**

导入内容应具有一定的趣味性，要尝试使用不同的导入方法来吸引学生的注意力并激发他们的学习兴趣，可以通过幽默的故事、生动的比喻或有趣的实验等方式来实现，也可以融入幽默元素、悬念设置或故事叙述，使导入过程充满趣味性和吸引力。例如，可以讲述一则与教学内容相关的有趣故事，或者设置一个引人入胜的悬念问题来增加课堂的趣味性和吸引力。设计具有启发性的问题或情境，引导学生思考，激发学生的求知欲和探索欲。

### （三）注意导入的互动性和参与性

#### 1.增强互动性

设计互动环节（如提问、讨论、游戏等），让学生或观众积极参与其中。通过互动，可以了解学生的需求和反馈，及时调整教学策略；也可以激发他们的兴趣和好奇心，增强他们对后续内容的期待感；还可以通过讨论引出后续的知识点。要确保问题紧扣主题，且具有启发性和引导性，能够引发评委和观众的共鸣。

#### 2.利用肢体语言

通过丰富的肢体语言和表情变化，增强导入的生动性和感染力。例如，可以使用手势、面部表情或身体动作来配合讲述内容，使导入环节更加生动有趣，并增强评委和观众的参与感。

### （四）注意导入的时长和节奏

#### 1.控制时长

在国际中文教育教学技能大赛中，导入环节的时间不宜过长，一般控制在2~3分钟。过久的导入会占用过多的教学时间，影响后续教学内容的展开。

#### 2.把握节奏

导入环节的节奏应紧凑有序，避免拖沓和冗余。应通过清晰的逻辑和流畅的语言表达，引导学生迅速进入学习状态。

导入内容应简洁明了、紧扣主题。教师可以根据学生的年龄、兴趣、认知水平等特点，选择与学生生活密切相关、具有趣味性和启发性的内容作为导入素材。同时，教师需要注意导入内容的逻辑性和连贯性，确保学生能够顺畅地过渡到本节课的学习内容中。

#### 3.掌握时间分配技巧

（1）预设时间。在备课阶段，教师应预设导入环节的时间，一般建议控制在3分钟之内。这个时间可以根据实际教学情况进行适当调整，但不宜过长或过短。正式上课时，可以控制在3~5分钟，比赛中一般在3分钟以内最佳（因为有的比赛总时长只有15分钟）。

（2）灵活调整。在实际教学过程中，教师应根据学生的反应和参与情况灵活调整导入时间。如果学生对导入内容表现出浓厚的兴趣并积极参与讨论，教师可以适当延长导入时间；反之，如果学生对导入内容不感兴趣或反应冷淡，教师应及时缩短导入时间并转入正题。

（3）注意过渡。在导入环节结束时，教师应使用简洁明了的语言进行过渡，引导学生进入本节课的主题。过渡语言应简洁有力，避免冗长和复杂。

### （五）注意简洁性和条理性

1.清晰表达

在导入环节，教师应使用清晰、准确、生动的语言来表达自己的思想和观点。流畅的语言表达能够吸引评委和观众的注意力并激发他们的兴趣。

2.精练语言

教师应使用简洁明了的语言表达导入内容，避免冗长和复杂的句子。精练的语言可以使评委和观众迅速抓住重点信息，从而确保在短时间内取得效果。

3.条理清晰

导入过程应条理清晰、逻辑严密。明确的引入、展开和总结等环节，能够使学生顺畅地过渡到本节课的学习内容中，使评委和观众能够清晰地理解导入内容。

4.考虑学生特点

根据学生的年龄、兴趣、认知水平等特点来设计导入内容，以提高其针对性和有效性。

### （六）注意创设情境体验

1.情境模拟

通过情境模拟的方式，让评委和观众身临其境地感受教学内容所描述的情境。例如，参赛者可以模拟一个购物场景来教授购物用语或交流技巧。

情境模拟能够增强评委和观众的参与感及体验感，使他们更加深入地理解和感受教学内容。

### 2.角色扮演

在导入环节设置角色扮演，邀请观众扮演不同的角色，并进行互动。角色扮演能够激发评委和观众的创造力与想象力，并促进他们之间的交流和合作。

### 3.情感投入

情感投入即在导入过程中投入真挚的情感，通过讲述与主题相关的个人经历、情感故事或社会现象，与评委和观众建立情感联系，使评委和观众更加关注讲课内容并产生共鸣。情感共鸣能够拉近师生之间的距离，增强学生的学习体验感和参与度。

### 4.情境营造

情境营造即利用音乐、图片、视频等多媒体手段营造与教学内容相关的情境氛围。情境营造能够让评委和观众仿佛置身于教学内容所描述的情境中，从而更加深入地理解和感受教学内容。

## （七）准备充分的教学材料

### 1.搜集相关素材

根据导入方式的需要，提前搜集相关的图片、视频、音频等素材。要确保所搜集素材质量高、内容丰富且与教学内容紧密相关。

### 2.制作教学PPT

如需使用PPT进行导入，应提前制作好教学PPT，并确保PPT的版面设计美观大方、内容简洁明了。

### 3.视频或动画展示

可以使用视频或动画等多媒体手段展示与教学内容相关的场景或实验。这些直观、生动的展示方式能够迅速吸引评委和观众的注意力，并激发他们的兴趣。

### 4.图表呈现

可以利用图表等视觉元素呈现关键信息或数据。这些视觉元素能够直观地展示教学内容的重点和难点，有助于评委和观众更好地理解和记忆。

### 5.强调实用性和价值

可以在导入时强调本节课内容的实用性和价值，让学生明白所学知识的重要性和应用场景。这有助于提升学生的学习动力和兴趣。

（八）进行模拟演练

在正式比赛前，参赛者应进行多次模拟讲课，重点演练导入环节。通过模拟讲课，参赛者可以检验导入内容的有效性、趣味性和互动性，并及时进行调整和改进。

通过以上步骤，参赛者可以打造一个成功且有效的导入环节，为整个讲课比赛奠定良好的基础。在实际应用中，教师可以根据教学内容和学生特点灵活选择适合的导入方式。无论采用哪种导入方式，关键是要确保导入内容与本节课的主题紧密相关，并符合学生的兴趣和认知水平。同时，教师需要注意语言表达的生动性和形象性，以及与学生之间的情感交流，以进一步吸引学生的注意力，并激发他们的学习兴趣。需要说明的是，以上许多导入方式也可以酌情放在讲解新课部分的游戏环节中使用。因此，在讲解新课环节不再列举游戏活动方式，大家可从以上导入方式中自行选取。

# 第四节　讲解新课

## 一、讲解新课的步骤

在国际中文教育中，一节课主要由组织教学、复习、新课导入、讲解新课、巩固练习、布置作业等环节组成。本节主要介绍讲解新课的内容。讲解新课环节包括生词教学、语法教学、课文教学及文化教学。教师只有处理好这些教学内容，才能帮助学生逐步掌握新知识，提高汉语能力。

（一）生词教学

在国际中文教育教学技能大赛中，生词教学是关键环节之一，它直接关系到学生对新词汇的理解和掌握程度。以下是一些生词教学的步骤及方法，旨在帮助教师有效地进行生词教学。

1.生词教学的一般步骤

（1）引入生词。

①情境导入。通过具体的情境或故事引入生词，让学生在语境中初步感知生词的意义和用法。

②直观展示。利用图片、实物或多媒体资源直观展示生词，帮助学生建立生词与具体事物之间的联系。

（2）示范发音。

①教师示范。教师示范生词的正确发音，注意发音的准确性和清晰度。

②学生跟读。教师引导学生跟读生词，纠正他们的错误发音，确保学生能够掌握正确的发音。

③生词带读。教师带读生词，注意发音准确、语调自然。

（3）讲解生词。

①词义解释。清晰、准确地解释生词的意义，可以结合例句或上下文进行说明。

②词性标注。明确生词的词性，帮助学生理解其在句子中的功能和作用。

③生词讲解。对生词进行解释，可以结合例句、图片或实物等帮助学生理解。

④生词操练。通过提问、造句、游戏等方式进行生词操练，巩固学生对生词的理解和记忆。

（4）练习巩固。

①词汇替换。在例句中进行词汇替换练习，帮助学生掌握生词的用法。

②造句练习。鼓励学生运用生词造句，加深对生词的理解和记忆。

（5）扩展延伸。

①词义辨析。对容易混淆的生词进行词义辨析，帮助学生区分它们之间的细微差别。

②词汇联想。引导学生通过联想记忆法扩展相关词汇，丰富词汇量。

（6）总结反馈。

①课堂总结。对本节课所学生词进行总结回顾，巩固学生的记忆。

②学生反馈。鼓励学生提出疑问和反馈，及时解答他们在学习过程中的困惑。

2.生词教学的方法

生词教学的方法多种多样，旨在帮助学生有效掌握新词汇的含义、用法和发音。以下是一些常用的生词教学方法。

（1）领读认读法。教师对每个生词进行示范朗读，学生跟着教师读。这种方法有助于学生掌握生词的正确读音。同时，教师需要及时纠正学生的错误发音和语调。

（2）生词卡片法。教师出示生词卡片，让学生认读。认读时，可以先认卡片一面的拼音，再认卡片另一面的汉字，或者直接辨认汉字并发出读音。这种方法既可用于新课前复习上一课的生词，也可用于认读当天所学生词。

（3）直观教学法。对于一些表示具体事物的名词，特别是初级阶段的词汇，可以通过实物、图片、模型等直观的方式进行教学。这种方法有助于学生更好地理解词语的含义和形象。例如，对于"袖章""丝绸"等词汇，教师用语言可能说不清楚，若出示图片或实物，学生就能快速领会。

（4）肢体语言法。对于可以用肢体语言来解释的字词，如表示动作的字（"举""拿""端""扶""拉"等），教师可以通过课堂游戏和模仿猜词练习来帮助学生掌握。

（5）语境解释法（也称关联法）。将生词放入具体的语境中进行讲解，帮助学生理解生词的意义和用法。因为词汇在特定语境中的意义是唯一的，所以教师可以选择学生熟悉的、贴近学生生活的事例来设定具体的语言环境，让学生从生词的实际应用中去体会、理解词义。这种方法能够使学生在真实的语言环境中感知生词的含义和用法，提高他们的语言运用能力。

（6）补充词汇知识法。教师在讲解生词时，除了课文中的用法，还可以适当地补充生词的其他用法、同义词、反义词等，随时进行归纳、总结。

（7）词语搭配法。通过词与词之间的搭配来讲解生词的用法，如常与哪些词搭配、如何搭配等。这种方法在考试中经常用到，有助于学生掌握生词的搭配规律。

（8）造句练习法。让学生用指定的生词进行造句练习。教师可以通过设置情景、给出重点词语或改句子等方式来引导学生造句。这种方法可以加深学生对生词的理解和记忆，同时掌握生词的用法和搭配规律。

（9）问答练习法。教师请一名学生用指定的生词提问，另一名学生回答。

教师可以根据假设的情况或学生的真实情况提出问题，然后让学生用指定的生词或固定语法句型进行回答。这种练习可以训练学生提出问题和回答问题的能力，帮助学生进一步掌握生词的用法。

（10）对比教学法。对比是两种及以上事物的相对比较。对比法释词是用两个及以上词相比较的方法来解释词语。对比两个及以上词语的词义，既可以凸显所释词语的本质属性，又可以弥补正面释词的不足。对于同义词或反义词，教师可以通过对比的方式进行教学，帮助学生理解词语之间的异同和用法。

（11）文化解释法。对于一些具有文化内涵的词语，教师可以通过文化解释的方式进行教学，帮助学生理解词语的文化背景和含义。

（12）情景教学法。教师创设具体的情景来教授生词，使学生在模拟的情境中掌握生词的用法。例如，教师通过模拟购物、旅行等场景来教授相关生词和短语。这种方法能够激发学生的学习兴趣和积极性，提升他们的参与度和学习效果。

（13）归纳法。教师将一组相关的生词进行分类和归纳，帮助学生理解它们之间的关联和共同特点。例如，教师将不同的动词按照动作的性质进行分类讲解。这种方法有助于学生建立系统的词汇知识体系，提高他们对词汇的记忆效率。

（14）举例法。通过具体的例子来解释生词的意义和用法。这种方法能够使学生更加直观地理解生词的含义和用法，加深他们的印象和记忆。

（15）联想法。联想是由一个事物想到另一个事物的心理过程。联想法释词就是用联想手段进行释词。常用的联想法释词有本义引申释词、文化典故释词、文字结构释词等。

（16）多媒体辅助法。利用多媒体设备展示教学课件、视频、音频等素材来辅助生词教学。这种方法能够丰富教学手段和内容，提高学生的学习兴趣和参与度。同时，多媒体资源还能够直观地展示生词的意义和用法，帮助学生更好地理解和掌握生词。

（17）反复复习法。在课堂教学中，教师通过不同的活动和游戏等方式来引导学生反复复习学过的生词，加深学生的印象和记忆。这种方法有助于巩固学生的词汇知识，提高他们的词汇运用能力。

综上所述，生词教学在国际中文教育教学技能大赛中具有重要地位。生词教学的方法多种多样，这里只列举了一些常用的方法，教师应根据具体的教学内容和学生特点选择合适的步骤和方法进行生词教学，以提高学生的词汇量和词汇运用能力。

（二）语法教学

语法是用词造句的规则。在国际中文教育教学技能大赛中，语法教学的步骤通常遵循一定的逻辑和规律，以确保学生能够有效地理解和掌握语法知识。以下是语法教学的一般步骤与方法。

1.语法教学的一般步骤

（1）语法点引入。结合课文内容或生活实例，引入本节课的语法点。其目的在于引起学生的兴趣和注意力，为新课的学习做好心理准备。引入须具有针对性、联系性和趣味性。

（2）语法讲解。对语法点进行详细讲解，可以结合例句、图表等辅助说明。其目的是要清晰、准确地讲解新语法点的规则、用法和意义。

（3）语法操练。通过替换练习、造句练习等方式进行语法操练，加深学生对语法点的理解和掌握。其目的是通过练习加深学生对语法点的理解和记忆，提高学生对语法点的运用能力。

（4）归纳总结。对所学语法点进行归纳总结，强化记忆。其目的在于帮助学生系统地回顾和整理所学语法点，形成完整的知识体系。

（5）拓展应用。对所学语法点进行延伸拓展训练。其目的在于将所学语法点应用到更广泛的语境中，提高学生的实际语言运用能力。

2.语法教学的方法

（1）引入语法点的方法。

①听写或对话。利用听写或对话的方式引入语法点的实例，将语法点展示出来。

②用实物、道具、图片展示，并引出语法点。

③提问或讨论。通过提问或引导学生讨论与语法点相关的话题的方式，引发学生对语法点的思考。

④利用动作演示引出语法点，如介绍趋向补语、结果补语、把字句等。

⑤情境导入。通过设定与语法点相关的具体情境，引导学生进入学习状态。

⑥实物、图片、视频展示。利用直观的教学手段展示与语法点相关的内容，帮助学生建立初步的认知。

（2）讲解语法点的方法。第一次讲授语法点时，教师可采用实物、图片、视频、情景创设法、听读材料，或者虚构角色和真实人物等多种方式呈现本节课的目标语法点。

①图示法。利用表格、示意图、符号、公式等辅助手段来教授语法点。对初学汉语的外国学习者来说，语法规则的定义比较抽象、难懂，用图示法将抽象的定义转化为生动形象的表格、示意图、符号，会比较容易习得和掌握。例如，用公式将语法点列出，表明句子成分间的语义关系；使用符号，如 S（表示主语）、P（表示谓语）、N（表示名词）等。

②演绎法。又称规例法，指先呈现语法规则，再用实例说明语法规则的教学方法。

③归纳法。又称例规法，指先呈现规则的若干例证，再让学习者从例证中概括出一般结论的教学方法。

④对比法。将目的语语法规则与学习者母语做对比，或者将目的语内部规则做对比，找出异同，从而强化目的语的句式的教学法。对比法有外部对比和内部对比两种。外部对比是指目的语语法规则跟学习者母语的对比。内部对比是指目的语内部的语法规则之间的对比。

⑤归类法。把零散、无序的句式按照功能或结构加以归类的教学方法。归类法分为结构归类和功能归类两种。

⑥多媒体辅助。利用多媒体设备展示教学课件、视频等素材，展示语法点的具体用法，丰富教学手段和内容。此方法可以帮助学生理解语法点在实际语境中的应用。

⑦师生互动。通过师生对话或生生对话来展示语法点，增强课堂的互动性和趣味性。

⑧以旧释新。通过学过的在形式上有联系、在语义上对等或相近的语法形式来说明新学的语法点。

（3）练习巩固的方法。在练习设置环节，教师应注意题型的多样化。

①重复练习。如领读，重复句子，重复对话，替换单个、多个词组或分句等。

②形式型练习。填空、转换、选择等题型，侧重于语法形式的练习。

③意义型练习。如翻译、配对、改错、合并句子和词语，或句子扩展、句型变换练习等，强调语法点在实际语境中的意义和运用。

④交际型练习。通过讨论、辩论、采访、做调查、复述课文、改编故事、角色扮演、头脑风暴活动和小组讨论活动等多种方式，巩固学生对语法点的理解，增强学生的综合语言运用能力。

⑤分层练习。根据学生的学习水平和能力，设计不同难度的练习题目，满足不同层次学生的需求。

（4）语法点归纳总结的方法。语法点应当包含以下内容：形式特点，语义特点，语用特点，与学过的、相近的、相关的语法点做对比，与学生母语中相同的语法点做对比，指出常见错误。

①系统归纳。对一个句型的肯定式、否定式、疑问式、一般态、进行态、将要进行态进行系统归纳的办法，对语法点的规则、用法和意义进行系统的梳理和归纳。

②对比归纳。与学生学过的语法点进行对比分析，与学生母语的对应表达形式进行对比，帮助学生区分异同点。

③实例归纳。通过具体的例句或情境来归纳语法点的一般规律和应用原则。学生或教师先说出句子，再归纳出一般规律。

④提问归纳。通过提问引导学生共同归纳和总结所学内容，加深其印象和理解。

（5）拓展应用。

①课外阅读。推荐与语法点相关的课外阅读材料，鼓励学生自主阅读并尝试运用所学语法点。

②写作练习。通过写作练习，让学生运用所学语法点进行表达和交流。

③实践活动。组织语言实践活动（如演讲比赛、辩论赛等），让学生在实践中运用和巩固所学语法点。

以上步骤和方法可根据具体的教学内容和学生特点进行调整和优化，以确保语法教学的有效性和针对性。在国际中文教育教学技能大赛中，清晰的教学步骤和丰富的教学策略将有助于增强教学效果，提升评委的评价。

（三）课文教学

在国际中文教育教学技能大赛中，课文教学的步骤通常设计得既系统又富有启发性，以确保学生能够充分理解并掌握课文内容。

1.课文教学的一般步骤

（1）预习课文。学生自主阅读，要求学生自行朗读课文，不认识的字词自己动手查字典，不懂的句子结合课下注释先行解决，并边读边在书上空白处写下自己的阅读感受。这一步骤旨在培养学生的自主学习能力和阅读习惯。

（2）课文带读。

①教师领读。教师领读课文，注意语音、语调、停顿等，为学生提供正确的语音输入；或者播放课文录音，为学生提供正确的语音输入。

②学生跟读或分角色读。学生跟读或分角色朗读课文，教师再次纠音，确保学生的发音准确。

（3）扫除课文中的字词句障碍。

①生字词展示。教师以板书或多媒体的形式展示课文中的生字词，并进行详细的示范和讲解。

②分类与扩展。教师对生字词进行分类，并适当进行扩展，帮助学生构建词汇网络。

③操练与纠音。通过教师给情景、学生说句子的方式进行练习，教师可以及时纠正学生的错误发音。

④词汇与语法。教师讲解课文中的重难点词汇与语法点，学生进行练习，以更好理解课文为主。

（4）课文讲解。

①内容解析。教师根据课文内容进行详细解析，包括课文的结构、主题思想、关键句段等。

②分段讲解。教师将课文分段，逐段进行讲解，解释重点和难点，帮助学生理解课文内容。

（5）讨论与提问。

①提出问题。教师围绕课文内容提出问题，然后进行选择、判断对错等习题练习，引导学生思考并讨论。

②引导学生提问。教师鼓励学生自己发现问题、提出问题，生生互动，互问互答，并尝试解决问题。

③总结与反馈。教师对学生的讨论和回答进行总结与点评，确保学生正确理解课文内容。

（6）复述与表达。

①课文复述。教师引导学生根据关键词或提示复述课文内容，培养学生的语言组织和表达能力。

②关键词板书。教师板书课文中的关键词，帮助学生构建复述框架。教师也可以使用课件展示的方法引导学生复述课文。学生根据关键词复述课文内容，锻炼自身的口语表达能力和记忆能力。

③自由表达。教师结合学生的实际情况和课文内容，引导学生进行自由表达，提高学生的语言运用能力。

（7）迁移运用。

①同类文章自学。教师鼓励学生自学与本课文相关的同类文章，或者提供额外阅读资料，以巩固学生所学知识并拓宽他们的阅读视野。

②写作练习。教师要求学生根据所学课文进行写作练习（如写读后感、续写、仿写等），以提高学生的写作能力和综合运用能力。

以上步骤，能使国际中文教育教学技能大赛中的课文教学部分系统、全面地展开，既注重知识的传授，又注重能力的培养，有助于学生全面提升汉语水平。

## 2.课文教学的方法

在国际中文教育教学技能大赛中，课文教学的方法多种多样。这些方法旨在激发学生的学习兴趣，增强教学效果。以下是一些常用的课文教学方法。

（1）启发式教学法。该教学方法强调以学生为中心，通过提出问题、引导讨论和激发学生思考来帮助学生积极探索，实现对汉语的主动学习。在课文教学中，教师可以设计一系列与课文内容相关的问题，引导学生逐步深入课文，理解文章的主旨和细节。例如，教师可以首先提出一个总体性的问题，让学生带着问题去阅读课文；然后在阅读过程中逐步细化问题，引导学生深入思考。

（2）情境教学法。该教学方法是通过模拟实际生活中的情境，让学生在情境中学习语言。在课文教学中，教师可以根据课文内容设置相应的情境，让学生在情境中进行角色扮演、对话练习等活动。这种教学方法可以使学生更好地理解和运用所学汉语知识，提高自身的语言交际能力。

（3）案例教学法。该教学方法是通过分析具体案例来引导学生学习。在课文教学中，教师可以选取与课文内容相关的典型案例，引导学生分析案例中的语言现象、文化背景等。案例分析，可以让学生更深入地理解课文内容，同时培养自身分析和解决问题的能力。

（4）多媒体教学法。该教学方法是在课堂上使用多种媒体技术（如PPT、音频、视频等）辅助教学。在课文教学中，教师可以利用多媒体手段展示与课文相关的图片、视频等资料，使学生更直观地了解课文内容。同时，教师可以利用音频材料进行听力训练，提高学生的听力理解能力。

（5）任务型教学法。该教学方法是一种注重完成任务的教学方法。在课文教学中，教师可以设计一系列与课文内容相关的任务，让学生在完成任务过程中学习语言。这些任务包括阅读课文、回答问题、复述课文、编写对话等。学生通过完成任务，不仅可以加深对课文内容的理解，而且可以提高自身的语言运用能力。

（6）个性化教学法。该教学方法根据学生的个体差异，采用不同的教学策略和方法。在课文教学中，教师可以根据学生的兴趣、特长和学习风格等因素，设计个性化的教学方案。例如，对于喜欢阅读的学生，教师可以推荐与课文内容相关的课外读物；对于喜欢口语交流的学生，教师可以组织小组讨论或角色扮演等活动。

（7）读书指导法。该教学方法是教师指导学生通过阅读教科书、参考书等独立获取知识的方法。在课文教学中，教师可以引导学生阅读课文及相关材料，培养学生的阅读能力和独立思考能力。同时，教师可以指导学生使用工具书、阅读相应的课外图书等，以扩大学生的知识面并提高自学能力。

综上所述，国际中文教育教学技能大赛中的课文教学方法多种多样，教师应根据具体情况灵活选用合适的教学方法，以增强教学效果并激发学生的学习兴趣。

## （四）文化教学

### 1.文化教学的一般步骤

在国际中文教育教学技能大赛中，文化教学是一个重要环节，它不仅能够提高学生的跨文化交际能力，而且能够提升他们对汉语学习的兴趣和理解深度。以下是文化教学的一般步骤，这些步骤在国际中文教育教学技能大赛中同样适用。

（1）准备阶段。

①明确教学目标。根据比赛要求和学生水平，确定文化教学的具体目标，如了解中国传统文化、当代社会风貌、节日习俗等。

②选择教学内容。围绕教学目标，精心挑选具有代表性、趣味性和实用性的文化内容。这些内容可以包含中国历史、文学、艺术、民俗、科技、美食等多个方面。

③设计教学活动。结合多媒体、实物展示、互动游戏、小组讨论等多种形式，设计丰富多彩的教学活动，以吸引学生的注意力，提高学生的参与度。

④准备教学材料。教学材料包括PPT、视频、音频、图片、实物教具等，要确保教学材料的准确性和生动性。

（2）实施阶段。

①引入话题。通过一段引人入胜的视频、故事或提问，引出本节课的文化主题，激发学生的学习兴趣。

②讲解与展示。利用多媒体和实物教具，详细讲解文化内容，同时展示相关图片、视频等，帮助学生直观感受和理解。

③互动讨论。组织学生就文化主题进行小组讨论或全班交流，鼓励学生发表自己的看法和感受，培养他们的批判性思维和跨文化交际能力。

④实践体验。根据教学内容，设计一些实践活动（如制作中国结、品尝中国茶、学习书法等），让学生在实践中体验和感受中国文化。

⑤总结反馈。对本节课的文化教学进行总结，回顾重点内容，同时收集学生的反馈意见，以便不断改进教学方法。

（3）评估与反思阶段。

①学生评估。教师通过作业、测试或口头提问等方式，评估学生对文化内容的掌握程度和理解深度。

②自我反思。教师应对本节课的教学过程进行自我反思，总结经验教训，思考如何进一步增强教学效果。

③持续改进。教师根据评估结果和反思意见，不断调整和优化教学方法及内容，以适应学生的需求和提高教学质量。

在国际中文教育教学技能大赛中，文化教学的步骤需要紧密结合比赛要求和评分标准，注重教学的创新性、实用性和互动性，以充分展示教师的教学能力和学生的汉语水平。

2. 文化教学的方法

在国际中文教育教学技能大赛中，文化教学的方法多种多样，旨在通过丰富多样的教学手段，帮助学生深入了解中国文化，提升他们的跨文化交际能力。以下是一些常用的文化教学方法。

（1）直接讲授法。该教学方法是最传统的教学方法之一，主要通过教师口头讲解、板书或多媒体展示等方式，向学生介绍中国的历史、文化、社会习俗等方面的知识。这种教学方法能够系统地传授知识，但需要注意讲解内容的生动性和趣味性，以吸引学生的注意力。

（2）比较教学法。该教学方法通过对比不同文化之间的差异来帮助学生更好地理解和接受中国文化。教师可以引导学生比较他们的国家与中国的文化习俗、价值观念等方面的异同，从而增强学生的跨文化意识。这种教学方法有助于学生从不同角度审视问题，开阔视野。

（3）情境模拟法。该教学方法通过创设具体的文化情境，让学生在模拟环境中学习和体验中国文化。例如，教师可以组织学生进行角色扮演，模拟庆祝中国传统节日活动、社交场合等场景，让学生在实践中感受中国文化的氛围和特色。这种教学方法能够增强学生的参与感、体验感及学习效果。

（4）多媒体辅助教学法。该教学方法利用现代技术手段（如视频、音频、图片等多媒体材料）来辅助文化教学。通过展示生动形象的多媒体材料，可以帮助学生直观地了解中国文化的各个方面。例如，教师可以通过展示中国传统艺术作品的图片、播放中国传统节日的庆祝视频等，让学生在视觉和听觉上得到双重享受。

（5）互动讨论法。该教学方法通过组织学生进行小组讨论或全班讨论，鼓励学生发表自己的观点和看法，从而加深他们对中国文化的理解和认识。教师可以提出一些与中国文化相关的话题或问题，引导学生进行讨论和交流。这种教学方法能够培养学生的批判性思维和口头表达能力，同时有助于增强学生的团队合作精神。

（6）实地考察法。该教学方法通过组织学生参观中国的历史遗迹、博物馆、文化展览等场所，让学生亲身体验和感受中国文化的魅力。这种教学方法能够让学生近距离地接触和了解中国文化，增强他们的感性认识和情感体验。然而，由于实地考察需要一定的时间和资源投入，因此在实际操作中可能受到一定的限制。

综上所述，国际中文教育教学技能大赛中文化教学的方法多种多样，教师应根据比赛要求和学生实际情况选择合适的教学方法。同时，教师应注重教学方法的创新性和灵活性，不断探索和实践新的教学方法及手段，以提升教学效果和质量。

## 二、讲解新课应注意的问题

在国际中文教育教学技能大赛中讲解新课时，参赛者需要采用灵活多样、生动有效的教学方法，以激发学生的学习兴趣，帮助他们掌握新知识。参赛者应当注意以下十个关键问题，以确保讲解内容准确、生动且富有成效。

### （一）充分准备，明确目标

**1.深入了解比赛要求**

应仔细研读比赛规则、评分标准及往届比赛情况，明确比赛的重点和考察方向。

**2.确定讲解主题与内容**

在准备新课时，首先要明确本课的教学目标，包括语言知识目标（如词汇、语法）、语言技能目标（如听、说、读、写）及文化意识目标等。这有助于确保整个讲解过程是围绕核心目标展开的。根据比赛要求，精心选择讲解主题和内容，确保讲解主题与内容既符合比赛要求，又能展现个人特色。

**3.制订详细讲解计划**

讲解计划包括时间分配、内容安排、互动环节设计等，能确保讲解过程有条不紊。

### （二）采用多样化的教学方法

**1.情境导入**

创设与新课内容相关的情境和背景，引导学生进入学习状态。情境可以是真实的或模拟的，旨在激发学生的学习兴趣和好奇心，帮助学生更好地理解和记忆新知识。例如，参赛者可以借用特定的生活场景或故事背景来引入新词汇或语法点。情境创设应尽量贴近实际。

2. 方法多样化

根据学生的不同学习风格和需求，采用多样化的教学方法。例如，参赛者可以结合讲授、讨论、小组合作、角色扮演等多种方式，满足不同学生的学习需求，促进他们的理解和参与。

### （三）注重课堂互动与反馈

参赛者应提供足够的练习和反馈，即教师应给学生提供足够的练习机会，让他们在实践中巩固和运用所学知识。同时，教师要及时给予反馈，指出学生的错误并帮助他们纠正，以加深他们对知识的理解和记忆。

1. 提问与讨论

应在课堂上积极提问，鼓励学生思考并回答问题。同时，可以组织小组讨论或角色扮演等活动，增加学生之间的互动和交流。教师可以通过提问和讨论，及时了解学生对知识的掌握情况，并针对学生的疑问进行解答和补充。讨论则可以帮助学生从不同的角度理解知识，拓展他们的思维。

2. 即时反馈

应对学生的回答和表现给予及时的反馈和评价。教师要肯定学生的优点，指出学生的不足之处，并给出具体的改进建议。即时反馈有助于学生明确改进方向，增强学习效果。

### （四）关注学生的学习状态与需求

1. 观察学生反应

在课堂上，教师应密切关注学生的学习状态和需求变化，并根据学生的反应和表现，及时调整教学策略和方法，以适应学生的实际情况。例如，如果发现学生对某个知识点理解困难，教师可以采用更直观、更生动的教学方法进行解释和演示。

2. 个性化指导

教师应针对不同水平的学生提供个性化的指导和帮助。对于基础较好的学生，可以引导他们进行更深入的学习和思考；对于基础较弱的学生，则可以给予更多的关注和支持，采用更适合他们的教学方法和策略，以帮助他们克服困难并提升理解力。

## （五）注重文化与语言的融合

### 1.融入文化元素

在讲解新课时，应注重融入中华优秀传统文化的相关元素和背景知识。通过介绍中国的历史、地理、文化习俗等内容，帮助学生更好地理解和运用中文。这种教学方法有助于培养学生的跨文化交际能力和文化意识。

### 2.注重语言的地道性

在讲解过程中，应注意语言的准确性和地道性。避免使用生硬、不自然的表达方式，应尽量采用符合中文习惯和实际语境的表述方式。这有助于提高学生的语言感知能力和运用能力。

### 3.培养跨文化交际能力

应引导学生关注不同文化之间的差异和共同点，培养学生的跨文化交际意识和能力。这不仅可以增加课程的趣味性，使课程内容变得更丰富，还可以帮助学生从更广阔的角度理解所学知识，提升他们的综合素养。

## （六）充分利用多媒体资源

### 1.PPT与视频

可以采用制作精美的PPT课件和精选的视频资源来辅助讲解新课内容。PPT课件应简洁明了、重点突出；视频资源应具有趣味性和启发性。可以多在网上搜集各种PPT制作的方法，注意PPT的编辑和排版，以及展示顺序和方式。

### 2.在线互动平台

可以利用在线互动平台（如腾讯会议、钉钉等）进行远程教学或课后辅导，增加与学生的互动机会，提供个性化指导。

### 3.设计教案

应根据大赛主题和内容范围，设计详细的教案，包括教学目标、教学内容、教学方法、课堂互动等环节。

4. 模拟讲课

可以利用镜子、录像设备或请家人和朋友作为观众的方式进行模拟讲课。模拟讲课过程中，应注意语音语调、肢体语言、课堂互动等方面的表现。

5. 收集反馈

在模拟讲课后，应及时收集观众的反馈意见，了解自己在讲课过程中的优点和不足，并改进不足之处。

6. 充分利用教具

可以用教具与学生形成良性互动，但要注意把握出示教具的时机。精心制作的教具最好能够做到重复利用，即可以在多个环节发挥作用。

（七）提升讲课技巧

1. 导入与结尾

应注重讲课的导入和结尾部分，设计吸引人的开场白和总结语，以激发学生的学习兴趣和注意力。

2. 板书与PPT

应练习板书设计和PPT制作技巧，确保内容清晰、重点突出、图文并茂。

3. 课堂互动

可以设计多样化的课堂互动环节（如提问、小组讨论、角色扮演等），以激发学生的学习兴趣，提高学生的参与度，同时根据学生的反馈来及时调整讲解策略。

4. 教姿教态

教姿教态要大方自然、端庄得体，教师的移位、手势的频率和幅度等要适度。切忌讲课间频繁走动、手舞足蹈，并且动作幅度不要很大，这些不论是在现场还是在录制视频中都是不妥当的。

5. 教师语言

教师用语要简练得体、清晰流畅，普通话要标准，发音要清晰，切忌含混不清、用语啰唆。教师用语无废话，也是教师讲课能力的很好体现。

6. 教学安排

应合理安排课程进度，把握好新课的讲练时间，谨记精讲多练原则，让学生多开口说汉语，同时注意每个环节的过渡和切换要流畅、自然。游戏环节的设置要尽量有新意、有创意、有价值，以增加课程的趣味性。

### （八）模拟演练与反馈调整

1.模拟比赛场景

在正式比赛前，应进行多次模拟演练，以熟悉比赛流程，做好时间控制。

2.邀请他人观摩并给出反馈

请家人、朋友或同行观摩讲解过程，并给出客观的评价和建议，然后根据反馈进行针对性改进。

3.自我反思与总结

每次演练后进行自我反思和总结，分析讲解中的优点和不足之处，制定改进措施。

### （九）关注心态调整与应对压力

1.保持积极心态

相信自己的能力和潜力，以积极的心态面对比赛中的挑战和压力。

2.学会应对压力

通过深呼吸、放松训练等方法来缓解紧张情绪，以保持冷静和自信。

3.制定应对突发情况的策略

如遇到技术故障、时间不足等突发情况，应提前制定应对策略，以减少影响。

### （十）遵守比赛规则与诚信原则

1.遵守比赛规则

在讲课过程中，要严格遵守大赛的官方规则和要求，确保所有讲解内容都在规定范围内，不超出或偏离比赛主题和要求。

2.维护诚信原则

在讲课过程中，要坚持诚信原则，不作弊、不抄袭，以真实水平参与竞争，尊重比赛结果和评审专家的意见。

以上是讲解新课时的注意事项。除此之外，参赛者还需要注意在讲解新课过程中对课堂整体的把控，掌握控课能力是非常重要的。参赛者要尽量做到课堂上张弛有度、动静结合，让课堂变得有质感、有层次感，不要讲得太平，掌握好课堂节奏感很重要。在课堂时间分配上，需讲练结合、精讲多练，但要控制好一定的比例。在进行教学设计时，参赛者应精心设计教学步骤及课堂活动，因为每个人的创新及特色都藏在各自的设计里，优秀的教学设计及完美的演绎和展示就是自身与其他参赛者的分水岭。相信，通过不断的努力和实践，参赛者可以更加高效地讲解新课内容，提升讲课水平和竞争力，在比赛中取得优异成绩。

# 第五节　巩固总结

在教学活动中，巩固新课是指通过各种方法和手段，帮助学生加深对新学知识的理解和记忆，确保他们能够有效地掌握这些知识并可在后续的学习中灵活运用。巩固总结是教学过程中的一个重要环节，它不仅能够帮助学生更好地掌握新知识，而且能够提高他们的学习兴趣和积极性，促进他们的全面发展。因此，教师在教学过程中应注重巩固新课的方法和策略，确保教学效果最大化。

## 一、巩固总结的方法

课后的巩固复习阶段是教学过程中一个至关重要的环节，它有助于学生巩固所学知识，增强记忆效果，并促进学生对知识的深入理解和运用。以下是一些常用的巩固总结方法。

（一）回忆总结法

回忆总结法是在教师引导下，通过提问、PPT展示、知识卡片等方式，引导学生回忆本节课或本章节的关键知识点。可以通过这种方式进行新课知识点的总结，让学生尝试在头脑中回忆并复述所学知识，从而形成一个完整的体系。其中，针对重难点提问，既可以请个别学生回答，也可以全班学生一起回答。

回忆总结法能够锻炼学生的综合思维能力和语言表达能力，同时经过思考加工的知识更容易形成长期记忆。

（二）书面总结法

书面总结法是学生通过文字、图表等形式，将所学知识进行系统整理和归纳的过程。学生首先需要对所学知识进行全面复习，包括复习课堂笔记、教材内容和作业练习等。在复习过程中，学生需要领悟出重难点。之后，学生用文字、图表等形式将所学知识系统地组织起来，形成书面总结报告。教师既可以要求学生在课堂上提交书面总结报告，也可以留为作业让学生在下节课上提交。

书面总结法能够直观地展示学生所学知识，帮助学生加深记忆和理解，还能培养学生独立思考和归纳总结的能力。

（三）提问总结法

提问总结法是教师通过提问和讨论的方式，引导学生对所学知识进行再认识和总结的方法。教师根据本节课或本章节的知识点，在课程收尾时，提出一个或者一系列与教学内容相关的问题。这种方式能够激发学生的思维活动，促进思想的碰撞和融合，营造活跃的课堂氛围，加深学生对教学内容的理解，增强教学效果。

学生针对教师提出的问题，通过小组讨论、全班交流等形式进行讨论和回答。教师在学生讨论和回答的基础上，将学生表达出来的孤立零散的知识点有机地串接在一起，完成总结任务。

提问总结法能够激发学生的思维积极性，帮助他们更深入地理解所学知识。同时，通过讨论和交流，学生能从同伴那里获得新的见解和启示。

（四）思维导图法

思维导图法是一种通过图形化的方式展示知识结构和逻辑关系的方法，即先确定本节课或本章节的中心主题；再围绕中心主题，将相关知识点作为分支展开，形成树状结构；用线条和箭头表示知识点之间的逻辑关系，如因果关系、包含关系等。

思维导图法能够直观地展示知识的整体框架和内在联系，帮助学生更好地把握知识结构和脉络。同时，它能激发学生的创造力和想象力，促进学生对知识的深入理解。

### （五）板书总结法

教师可以将学生复述的知识点以板书的形式总结在黑板上，然后带着学生从头到尾梳理一遍词汇和课文中的重难点，帮助学生形成更直观的印象。

### （六）小组讨论法

小组讨论法即将学生分成小组，围绕新课中的某个主题或难点进行深入交流和探讨。这有助于学生在交流中相互启发，深化对知识点的理解，并培养他们的团队协作能力，同时有助于巩固所学知识。

### （七）复习笔记法

教师应引导学生记录新课中的重点内容，如关键词汇、句型、语法规则等；指导学生制作复习笔记，将新课中的重点、难点和易错点进行整理和总结。这有助于学生形成系统的知识体系，并方便日后查阅和复习。学生通过记录重点内容，可以更好地掌握新课知识，并在复习时有所依据。

### （八）PPT展示法

PPT展示法是一种较为常见的巩固方式，尤其是当比赛时间有限时，用PPT进行复习巩固非常便利。教师利用多媒体展示新课的重点内容，通过图文并茂的方式吸引学生的注意力，使抽象的知识变得直观易懂。使用该方法时，要注意提高PPT的制作质量，认真思考怎样能更有利于新课知识的复习；在字号、颜色、切换等排版上要多用心；在内容上也要精益求精，比如对于展示顺序的选择，是从词汇到语法到课文再到文化，还是直接以本节课的教学重难点为主线，但无论选择哪一种展示顺序，都要注意紧凑性、逻辑性和清晰性。

PPT展示法可以让学生一目了然地掌握本节课所学知识点，以激发学生的学习兴趣和积极性，还可以空出更多时间进行提问等练习，能节约时间，加深学生的记忆。

（九）课堂练习法

课堂练习法，即在课堂巩固环节围绕本节课所学的重难点内容设计相关练习题，循序渐进，由易到难，对所有内容进行总复习。通过该方法，教师既带领学生复习了本节课的知识点，又检验了学生对新知识的理解和掌握程度。

（十）情感升华法

教师可以结合教学内容，抒发对人、事、物的热爱和喜爱，以及对学生的关怀等情感，使巩固总结更具感染力。教师通过对学生的学习成果表示期待，可以鼓励学生继续努力、不断进步。这种巩固总结的方法能够激发学生的学习动力。

（十一）展望未来法

教师可以描绘愿景，鼓励创新。在巩固总结阶段，教师通过描绘对未来教育的美好愿景或学生发展的广阔前景，激发学生对未来的憧憬和向往，鼓励学生勇于探索、敢于创新，为未来的教育事业贡献自己的力量。这种巩固总结的方法能够培养学生的创新意识和实践能力。

总之，在国际中文教育中，巩固总结是一个至关重要的环节。教师需要明确巩固目标，采用多样化的巩固方式，根据实际情况和学生特点选择合适的方法进行教学实践；应根据反馈及时调整教学策略和方法，并注重实践与应用，以帮助学生更好地掌握和运用所学知识。

## 二、巩固总结的注意事项

（一）明确巩固目标

巩固总结应紧密围绕教学目标和学生的学习需求进行，确保复习内容具有针对性。教师需要明确巩固的目标，即确定哪些知识点和技能是需要学生重点掌握和巩固的。这些目标应与教学目标相一致，并且具有可操作性和可测量性。教师要特别关注教学中的重点知识和学生理解的难点，确保这些关键内容得到充分的回顾和强化。

## （二）采用多样化的巩固方法

教师应结合多种教学手段（如板书、PPT课件、视频、知识卡展示等），使复习过程更加生动有趣，从而提高学生的学习兴趣和参与度。同时，教师应通过提问、讨论、小组合作等方式，激发学生的思维活性，引导学生主动思考，促进他们对知识的深入理解和应用。

## （三）注重知识的系统性和连贯性

教师应帮助学生构建清晰的知识框架，明确各知识点之间的联系和逻辑关系。在复习过程中，教师不仅要关注学生对单一知识点的掌握情况，而且要加强知识点之间的纵横联系，形成紧密的知识网络。切忌让学生毫无逻辑地复习新课内容。

## （四）关注学生的个体差异

教师应针对不同学生的学习基础和能力水平，采取不同的复习策略和辅导方法。教师要做到因材施教，对学习有困难的学生给予更多的鼓励和帮助，增强他们的学习信心和动力。一般做法是分层复习、循序渐进、层层递进。这样，既可以照顾到基础弱的学生，又可以拔高基础好的学生。

## （五）注重语言表达和形式美观

在复习总结时，教师应使用准确简明的语言，避免使用过于复杂的术语或出现用词不当的情况。PPT课件或板书的设计应整洁美观，以提升阅读体验，帮助学生更好地理解和记忆知识。要避免出现文字堆砌、排版混乱或内容逻辑条理不清等情况。

## （六）灵活调整策略

教师应根据学生的学习情况和反馈意见来灵活调整复习策略及教学方法，确保复习效果最大化。在巩固总结过程中，教师需要及时给予学生反馈，指出他们的优点和不足，并给出具体的改进建议。同时，教师需要根据学生的反馈和表现，及时调整巩固复习的难易程度和时长，以更好地满足学生的学习需求，增强教学效果。

（七）注重学生的参与和体验

教师应通过亲切的语言、和蔼的态度、适当的表扬等方式，营造积极、轻松、愉快的课堂氛围，让学生积极参与到复习活动中。同时，要发挥学生的主动性，促使学生独立思考和解决问题，提高他们的自主学习能力和知识梳理能力。

综上所述，巩固总结环节需要教师综合考虑多个方面的因素，确保复习过程既有针对性又富有成效，能有效提升巩固总结的效果和质量。在国际中文教育教学技能大赛中，参赛者应注意巩固总结环节的展示与演示，有的参赛者前期讲课非常饱满，却在巩固总结环节草草结尾，这样会丢掉一定的分数。因此，参赛者要把握好各个环节的内容分配，既不要让前期饱满的讲课效果在巩固总结环节缩水，给评委留下头重脚轻、虎头蛇尾的印象，也不要过度展示巩固总结环节，使讲课显得臃肿乏味、拖沓冗余。参赛者要认真演练，认真思考，力争让这一环节锦上添花、精彩收尾。

# 第六节　布置作业

在国际中文教育课堂中，布置作业是巩固学生学习成果、提升语言技能的重要环节。在国际中文教育教学技能大赛中，布置作业既是重要的一环，也是讲课的最后一个环节。越是最后一个环节就越要注意，应尽量把布置作业这个环节做到完美。这一环节能够体现出参赛者的功底和水平，是评委考查参赛者收尾能力之处。

## 一、布置作业的原则

（一）针对性

在布置作业时，教师应清晰地说明作业的目的和期望取得的学习成果。教师要明确作业的具体要求，包括完成时间、提交方式、格式规范等，以避免学生产生困惑。作业内容应与当天或近期的教学内容紧密相连，针对学生的学习重点和难点进行布置，确保学生能够通过完成作业来复习和巩固所学知识。

（二）适量性

教师布置的作业量应适中，以免给学生造成学习负担或影响学习效果。

（三）多样性

作业形式应多样化，以激发学生的学习兴趣和积极性。作业形式包括书面作业（如词汇练习、语法填空、阅读理解、写作等）、口头作业（如听力练习、口语对话、演讲等）及实践性作业（如文化体验、语言实践等）。丰富的作业形式可以激发学生的学习兴趣，提高他们的综合能力。

（四）实践性

注重作业的实践性，增加实践性作业（如采访、调查、项目制作等）的比例。这类作业能让学生在实践中巩固和运用所学知识，可以增强学生的学习动力，提高他们的实践能力和解决实际问题的能力。

（五）个性化

教师应根据学生的不同水平和需求，布置个性化的作业，以满足学生的个性化学习需求。

（六）层次性

布置的作业不能都是听、说、读方面的内容，或者都是写方面的内容，应该听、说、读、写都有涉及，以凸显层次感。一定要布置复习、预习作业，让学生养成好的学习习惯和写作业习惯。教师布置作业时，要考虑到学生能力和学习进度的不同，可以设计不同难度的作业选项或分层作业，以满足不同学生的需求。教师在作业中应提供基础题、提升题和挑战题，这样既能满足优秀学生的挑战需求，也能确保基础较弱的学生在完成作业时不会感到吃力。针对不同层次的学生，应设计具有梯度性的作业内容，让每个学生都能在完成作业的过程中逐步提升自己的能力。

（七）系统性

在设计作业时，要把握系统性原则，确保作业内容与教学目标、课程标准和学生实际情况相符合。合理安排作业的难度、数量和类型，避免重复和无效的劳动。教师应将作业与课前、课中和课后的学习环节紧密联系起来，形成一个完整的学习闭环。

## 二、布置作业的策略

（一）明确作业要求

在布置作业时，教师应明确作业的具体要求、完成时间和提交方式等，以避免学生产生困惑或误解。确保每个作业都有明确的学习目标，让学生清楚地知道完成作业后应该掌握哪些知识和技能。目标要具体、可衡量，以便学生进行自我评估。

（二）提供范例或指导

对于较为复杂的作业任务，教师可以提供范例或指导，帮助学生更好地理解和完成作业。

（三）语速要慢，指令要清晰

教师一定要讲清楚作业的内容，防止有些学生漏听、错听，并及时询问学生是否都清楚或者都已记录清楚。学生对作业内容有不清楚的地方时，教师要及时询问或重复。

（四）及时反馈与评价

教师应明确作业的提交时间和方式，并设定合理的完成期限。同时，教师应建立及时的反馈机制，及时对学生作业的不足之处进行反馈，指出学生的优点和不足，并对不足之处给出具体的改进建议，让学生知道他们的作业得到了关注。教师对于作业中错误之处要明确指出，并给出正确的示范或解释；对于作业中进步之处，要给予肯定和表扬，以增强学生的自信心和学习动力。同时，教师可以采用同伴评价、自我评价等方式，增强学生的自我反思和学习能力。

（五）小组合作

教师可以安排一些需要小组合作完成的作业，以培养学生的团队合作精神和沟通能力。在小组中，学生可以相互学习，分享资源和经验，共同解决问题。教师明确小组分工和合作方式，确保每个成员都能积极参与。

（六）利用技术工具

教师应鼓励学生使用现代技术工具（如在线平台、教育软件、电子图书馆等）来完成作业。教师也可以利用这些工具来发布作业、收集作业和提供反馈。教师还可以让学生录制音频或视频，作为作业的一部分。使用现代技术工具不仅可以提高作业完成的效率，还能让学生接触到最新的教育资源和学习方式。

（七）引入游戏化元素

教师可以利用游戏的趣味性和挑战性，将学习内容融入游戏中，设计成游戏化作业。这样可以激发学生的学习兴趣，提高他们的参与度和完成度。例如，可以设计一些闯关游戏、解谜游戏或角色扮演游戏等，让学生在游戏中学习和巩固知识。

## 三、布置作业的形式

（一）复习作业

一般要求学生先把当天学习的知识点复习一遍，再开始写作业，所以多数情况下第一项作业是复习作业。

（二）听说作业

听说作业即对当天学过的生词、课文等内容进行听读练习。一般教师会要求听读各三遍，以强化学生对新生词、新语法点的记忆和理解，同时练习了学生的听力和口语。培养学生的听感和语感是一项很重要的长期任务，需要日积月累才能见效。

（三）选词填空作业

选词填空作业是针对重要词汇或语法知识进行的强化训练，目的是让学生对所学重要知识进行再深化，巩固记忆，扎实掌握。

（四）造句作业

造句作业是针对当天学习过的重要词汇或语法点进行强化训练。很多学生会听、会读、会说，但是落实到造句上能力还是不够。因此，要多加锻炼遣词造句的能力。

（五）连线题作业

连线题作业是一种有效的教学和练习方式，通过合理设计和实施，可以帮助学生巩固知识点，提高学生的问题解决能力和手眼协调能力。在设计连线题时，首先要明确题目所涉及的主题和知识点，确保题目与教学目标紧密相连。题目的难易程度应适中，既要能考察学生的基础知识，又要具有一定的挑战性，以激发学生的学习兴趣和动力。题目中的问题和答案应清晰明了，避免使用模糊或有歧义的词语，确保学生能够准确理解题目要求。设计连线题时，应注重题目的多样性，包括不同的主题、不同的题型和不同的呈现方式，以提高学生的学习兴趣和参与度。

（六）改写句子作业

改写句子作业是一种旨在提升学生语言运用能力和表达技巧的练习形式。通过改写句子，学生可以学习到多种句式结构、词汇替换、修辞手法等，从而丰富自己的语言库，提高表达的准确性、生动性和思维的灵活性。改写不仅可以帮助学生掌握多种表达方式，而且可以不断锻炼自己的语言组织和表达能力，为日后的学习和生活打下坚实的基础。这种作业通常要求学生将给定的句子以不同的方式重新表达，同时保持原句的基本意义不变。教师提供需要改写的句子或段落，并根据难易程度决定是否给出一些改写示例，以帮助学生理解改写的方向和技巧。

（七）回答问题作业

回答问题作业是一种在教学和学习过程中常见的练习形式，旨在通过回答具体的问题来检验和巩固学生对知识的掌握程度。这种作业不仅有助于教师了解学生的学习情况，还能促进学生主动思考、深入理解和运用所学知识。教师要遵循循序渐进的原则，从基础知识到综合应用再到开放性问题，逐一增加难度，从而帮助学生更好地巩固当堂课的知识点。

（八）写作文

让学生使用新学的词汇和语法结构进行写作练习，以加深对已学知识点的理解和记忆。

（九）阅读理解

教师提供与课程内容相关的阅读材料，设置问题让学生回答或让学生总结大意，以提升学生的阅读理解能力。

（十）语法练习

通过填空、选择、改错、造句等形式，帮助学生巩固新学的词汇和语法知识。

（十一）朗读与背诵

要求学生朗读课文或背诵重点段落，以提高语音、语调和口语表达能力。

（十二）对话练习

布置与课程内容相关的对话练习，鼓励学生与同学进行角色扮演，提高实际交际能力。

（十三）口头报告

让学生就某个话题进行口头报告（如介绍中国文化、个人经历等），锻炼其口语表达能力和思维逻辑。

（十四）利用多媒体

利用现代通信技术（如智能手机或录音设备）布置课文朗读、对话录音等有声作业，便于教师检查学生的发音和语调问题，并给予针对性指导。利用多媒体教学资源（如PPT、视频、音频等）布置与课程内容紧密相关的作业或讨论任务，提高作业的趣味性和互动性，方便学生随时随地完成作业，并与同学交流学习心得。

（十五）听力练习

选取与课程内容相关的听力材料，要求学生听后复述或回答问题。

（十六）口语练习

设计对话练习、角色扮演或演讲任务，鼓励学生开口说汉语，提高学生的口语流利度和准确性。

（十七）语言实践

鼓励学生在日常生活中使用汉语进行交流（如与中国人交流、观看中文影视作品、阅读中文图书等），布置一些实践性强的作业（如寄信、参观校园、简单的社会调查等），让学生在实践中运用汉语，提高自身的语言运用能力。

（十八）文化体验

要求学生参与或观察中国文化活动（如书法、国画、茶艺等），并撰写体验报告或进行口头分享。

（十九）双作业制

根据学生的汉语水平和学习情况，布置难易两个层次的作业，让学生自由选择完成其中一个或全部完成。这样既能满足不同学生的需求，又能避免"一刀切"的弊端。

（二十）个性化作业

针对学生的个体差异和兴趣爱好，布置一些个性化的作业（如制作中国文化海报、编写短剧、采访等），以激发学生的学习兴趣和创造力。

（二十一）预习作业

预习作业和复习作业相呼应，每节课的作业都少不了对已学知识的复习和对未学知识的预习。预习是布置作业环节的闭环，一定让学生对下次要学的新课进行复习。培养学生预习新课的好习惯。

除上述形式外，还有很多其他布置作业的形式，这里就不一一列举了。国际中文教育教学技能大赛中，参赛者可以对照自己的教学内容选取相应的作业形式。选取布置作业形式时，要兼顾多样性与实用性，要凸显层次感，由易到难、循序渐进，切忌逻辑混乱或者与教学内容脱离。

## 四、布置作业的注意事项

当在国际中文教育教学课堂中布置作业时，教师需要注意以下九个方面的事项，以确保作业的有效性和学生的学习效果。

（一）明确作业目的与要求

作业应紧密围绕教学目标和学生的学习需求，确保作业内容与课堂所学紧密相关，有助于巩固课堂知识。确保每项作业都能直接服务于学生的学习需求。对于作业的形式、内容、完成时间等应有明确的要求，避免学生因理解不清而产生困惑，避免学生无法从作业中明确了解需要巩固哪些知识点或技能。

（二）考虑学生差异

根据学生的汉语水平和学习能力，布置不同难度的作业，采用分层布置作业的方式，为不同水平的学生提供适合其能力范围的作业选项，以满足不同层次学生的需求。这可以采用双作业制或提供多个选项的方式实现。进行分层布置作业。

同时，尽量考虑学生的兴趣和特长，布置一些个性化的作业，以激发学生的学习兴趣和创造力。同时，应尽可能在作业中融入学生的兴趣爱好，增加作业的个性化和对学生的吸引力。

（三）注重作业的实际应用性

作业应尽可能贴近实际生活，让学生在完成作业的过程中能够运用所学知识解决实际问题，提高语言运用能力。作业形式应多样化，包括书面作业、口头作业、有声作业及实践活动类作业等，以全面锻炼学生的听、说、读、写能力。

（四）作业要具体、可测量

布置作业时，应明确指出学生应该做什么，而不是泛泛地给出指令或赞扬。最终做得如何、怎样评定等，也需要明确告诉学生，任何学习活动都应有可以衡量的结果。

（五）结合现代教学手段

利用多媒体资源（如PPT、视频、音频等）布置作业，提高作业的趣味性和互动性。还可以利用在线学习平台或社交媒体布置在线作业和讨论任务，方便学生随时随地完成作业并与同学交流学习心得。

（六）考虑作业的合理性与可行性

作业量要适中，应控制在学生合理承受范围内。避免布置过多的作业，以免给学生造成过重的学习负担。

应合理安排作业完成时间，既不应过于紧迫也不应过于宽松。过紧的时间会给学生带来压力，而过松的时间可能导致学生拖延。

作业难度适中，应根据学生的实际水平和课程要求来合理设计作业难度。作业内容应具有可操作性，使学生能够根据作业要求顺利完成，避免发生因条件限制而无法完成作业的情况。作业内容应在学生的能力范围内，既不过于简单也不过于复杂，是学生能够通过自己的努力和实践来完成的，不会因为条件限制或难度过高而无法实施。对于一些需要特殊条件或设备的作业（如文化体验报告），教师应提前告知学生并做好相应的准备工作。

### （七）作业形式多样化

作业形式应多样化，包括书面作业、口头作业、有声作业及实践活动类作业等，以全面锻炼学生的听、说、读、写能力。

### （八）作业反馈要及时

应及时批改作业并给予学生详细的反馈，指出学生的错误之处并提供正确的示范或解释；同时，反馈内容应具有针对性，能够帮助学生明确改进方向。避免批改作业不及时或反馈内容过于笼统，以及没有针对学生的具体错误进行详细解析。

### （九）注意作业布置的文化敏感性

在国际中文教育教学技能大赛中，教师应尊重不同国家和地区的文化差异，避免在作业布置中涉及敏感及其他不当的内容。

在国际中文教育教学技能大赛中，布置作业环节是教学过程中不可或缺的一部分，它对于巩固学生所学知识、提升学习效果具有重要意义。作业是"导向学习、促进学习者发展"的教学实践环节。设计和布置作业，都要有利于学习者发展。无论布置什么作业、如何布置，都应有益于导向学习，要让学习者在课程学习阶段明确地知道"我要学什么""我可以如何提升"。教师在布置作业时能够按照以上注意事项进行，可以提升作业的有效性和学生的学习效果。

# 第四章　录制篇

随着全球化和信息技术的飞速发展，国际中文教育正迎来前所未有的变革。数字化教学资源的普及，特别是高质量的教学视频，已成为连接世界各地学习者的重要桥梁。在这样的背景下，录制技能对于国际中文教育教师而言，不再仅是一项辅助技能，而是成为了提升教学质量、拓宽教学渠道的关键能力。录制技能不仅能够帮助教师制作生动、直观的教学视频，而且能够跨越时空限制，使学习内容更加灵活多样，从而满足学习者的个性化需求。通过精心策划与录制，教师可以创建富有吸引力的教学材料，有效激发学生的学习兴趣，加深他们对中文语言及文化的理解。本章将深入探讨国际中文教育中的录制技术与实践方法。本章从录制设备的选择、录制环境的搭建，到视频编辑与后期制作，再到如何利用多媒体工具增强教学效果，逐一展开讲解，旨在为教师提供一套全面、实用的录制技能指南。此外，本章还讲解了一些成功案例，展示录制技能如何在实际教学中发挥巨大作用，为国际中文教育的数字化转型提供范例。

## 第一节　如何录制高质量的教学视频

### 一、如何制作高质量课件

制作高质量课件是提升教学效果、吸引学生注意力的关键。以下是一些制作高质量课件的步骤和技巧。

（一）明确教学目标和内容

确定视频的主题和教学目标，确保内容精练、有条理，并紧密围绕主题展开。明确希望通过本课让学生掌握哪些知识点、技能或概念。根据教学目标，精选教学内容，筛选出最重要、最相关的内容，突出课程的重点、难点和特色。避免信息过载，避免冗余和无关信息。

（二）设计清晰的课件结构

高质量课件应有一个清晰的导入、主体和总结部分，以帮助学生理解课程的整体框架。制作课件时，要做到逻辑清晰、层次分明，可以使用标题、子标题和小节等划分内容，使结构一目了然。确保教学设计完整、合理，突出课程的重点、难点，并体现教学特色。设计课件时要考虑如何吸引评委和学生的注意力，如何提高课程的吸引力。编写详细的教案或脚本，明确每个教学环节的内容、顺序和时间分配。设计合理的课堂互动环节（如提问、讨论、练习等），以激发学生的学习兴趣和提高学生的参与度。

（三）打造高质量视觉效果

1. 布局设计

选择合适的课件模板很重要。通常情况下，建议选择与教学内容相符、简洁大方的课件模板。这在较大程度上与教师的审美和认知判断有关。建议不要一个模板从头用到尾，可以随着内容、排版等进行更换、调整。但整体原则是课件布局要合理，避免页面过于拥挤，保持适当的空白，更易于信息阅读和吸收。

2. 信息模块化

将信息分组，将有关联的信息放在一起，形成一个信息模块。这有助于保持课件页面的整洁和有序。采用清晰的信息模块化布局，将相关内容分组放置。

3. 对齐方式

确保课件中的元素对齐，以增强整体美观度和易读性。对齐方式（如左对齐、右对齐或居中对齐等）可根据内容类型选择。还可以在调整元素对齐方式的基础上适当调整元素间距来增强页面的美观度和易读性。

4.层次感

通过调整元素的大小、位置和颜色，创建清晰的层次结构，使内容条理分明。明确课件中的主次关系，将学生的视线引导至重要内容。保持课件页面的整洁和有序，避免将过多的元素堆砌在一起。比如，在讲解步骤时，可以使用时间轴布局来展示教学内容的关键节点和时间安排；在介绍团队成员时，可以使用团队结构图来展示团队成员的照片和简介信息。

5.色彩搭配

在课件中使用鲜明且和谐的色彩搭配，可以吸引学生的注意力，使课件看起来更加活泼生动。运用色彩心理学原理，选择适合主题和内容的课件颜色。例如，使用冷暖色对比来突出重点内容，增强视觉冲击力；使用相近颜色营造和谐统一的视觉效果。使用强调色来突出关键信息（如用鲜艳的颜色标注重要词汇或概念），以吸引学生的注意力。保持色彩对比度适中，避免用过强或过弱的色彩对比而影响视觉效果。同时，注意色彩的平衡，避免过多的颜色导致视觉混乱。使用对比色突出重要信息，如红色或黄色背景上的白色文字可以迅速吸引学生的注意力。保持整体色调的和谐统一，避免因色彩杂乱而影响视觉效果。比如，当讲解重点概念时，可以使用蓝色或绿色的背景，配以白色或浅灰色的文字，营造出清新、专业的氛围；当在需要强调某个数据时，可以用橙色或红色的圆圈将其圈出，使数据一目了然。从整体上对图片的色彩进行校正和调整，使其与课件整体风格相协调，可以适当应用滤镜和特效，增强图片的艺术感和视觉冲击力。

6.动画效果

视频和动画方面，既可以在课件中适当插入视频或动画片段，吸引学生的注意力，提高学习兴趣；也可以插入一些能够辅助讲解教学内容的动图。音频方面，课件的背景音乐或旁白需与教学内容相协调，避免干扰学生思考。这些多媒体元素要紧紧围绕教学目标、内容，以及重难点，适度使用动画效果（如淡入淡出、缩放、旋转等）来强调重点或展示过程，避免过度使用动画效果，以免分散学生注意力。

7.图表

图表方面，建议选择与课程内容紧密相关的高清图片，以增强课件内容的说服力。确保图片质量清晰、无水印。设计简洁、直观的图表，避免过于复杂和混乱。对于含有数据的图表，选择合适的数据可视化方式，便于学生理解。使用图表来解释复杂的概念或数据，使内容更加直观易懂，增强视觉效果。

8.字体风格

根据课件内容和观看距离选择合适的字体风格。例如，衬线字体具有装饰性，常用于标题和强调内容；无衬线字体简洁、现代，适合正文内容；手写字体则给人亲切、自然的感觉，适合标题或需要个性化表达的场合。建议选择易于阅读和辨识的字体，如微软雅黑、宋体等。一般情况下使用宋体字，不要使用太复杂的字体，字体可以有大小、颜色等方面的变化，但是整体应保持统一；数字、图标等视觉元素应保持统一，以增强整体美感。比如，在课件的标题部分使用加粗、加大的微软雅黑字体，可以突出主题；在正文部分使用标准的宋体或微软雅黑字体，可以保持阅读的流畅性。

9.字体大小与行距

确保字体大小适中，易于阅读。适当的行距可以增强文本的可读性，避免文字拥挤和阅读疲劳。根据内容的重要性调整字体大小和粗细，以区分标题和正文。选择易于阅读和辨识的字体，避免使用过于花哨或难以辨认的字体。同时，确保字体在不同设备和屏幕分辨率上都能清晰显示。避免使用过多的字体种类和样式，保持整体风格一致。

以上这些视觉元素可以帮助学生更好地理解抽象概念，并增加课件的趣味性。模糊的图片不可选，复杂的、需要解释很多的图表也不建议选。应选择分辨率高、清晰度好的图片，确保图片细节清晰可见。同时，根据课件布局需要对图片进行适当的裁剪和尺寸调整，使其符合课件的整体风格和布局。比如，在讲细胞结构时，可以插入一张清晰的细胞显微镜照片，让学生直观了解细胞的形态和结构；在展示销售数据变化时，可以使用柱状图或折线图来展示数据的增长或减少趋势。

（四）提升互动性和参与性

在课件中增加互动性和参与性元素，是提升教学质量、激发学生学习兴趣的有效手段。下面介绍一些在课件中融入互动性和参与性元素的方法与建议。

1.问答环节

（1）嵌入式问题。在课件的适当位置插入问题，可以是选择题、填空题或简答题，让学生在听讲的同时思考并回答问题。

（2）投票功能。如果条件允许，可以利用在线平台（如问卷星、课堂派等）设置投票环节，让学生即时反馈对某个问题的看法或选择答案。

2.小组讨论

（1）设计讨论话题。根据课程内容设计一些具有争议性、思考性的问题，让学生在小组内进行讨论。

（2）展示分享。讨论结束后，可以邀请几组学生上台分享他们的观点和讨论成果，增强课堂互动性。

3.互动游戏

（1）知识竞赛。设计一些与课程内容相关的知识竞赛游戏，如快速抢答、知识接龙等，让学生在游戏中巩固知识。

（2）角色扮演。根据课程内容设置角色和情境，让学生扮演不同角色进行模拟对话或表演，加深对知识的理解和应用。

4.实时反馈工具

（1）举手功能。在课件中设置"举手"按钮或图标，让学生可以随时举手提问或发表意见。

（2）即时聊天窗口。利用在线平台提供的即时聊天功能，让学生在听讲过程中可以随时发送信息与教师或其他同学交流。

5.互动图表和演示工具

（1）可编辑图表。使用支持在线编辑的图表工具（如Excel、Google Sheets的图表功能），让学生在课件中直接修改或填充数据，观察图表变化。

（2）拖放式演示。设计一些拖放式的互动演示，如将相关概念、事物等拖拽到正确的位置，以检验学生的理解和掌握程度。

6.多媒体互动

（1）视频互动。在播放视频时，设置暂停点并提问，要求学生回答后才能继续观看；或者让学生根据视频内容完成相关任务。

（2）音频互动。利用音频剪辑工具制作带有问题的音频片段，让学生听后回答问题或进行复述。

7. 互动练习和测验

（1）在线练习。提供与课程内容相关的在线练习题或测验题，让学生在课件中直接完成并提交答案。

（2）自我评估。设计一些自我评估的问题或表格，让学生在完成学习任务后进行自我反思和评估。

8. 鼓励学生参与创作

（1）思维导图创作。让学生根据课程内容创作思维导图，并在课堂上分享他们的创作成果。

（2）案例分析。提供实际案例让学生进行分析和讨论，鼓励他们提出自己的见解和解决方案。

通过这些方法，你可以根据你的教学目标与内容，在课件中选择性地增加互动性和参与性元素，使课堂变得更加生动有趣、富有成效。同时，这些元素也有助于激发学生的学习兴趣和主动性，提高他们的学习效果和满意度。

（五）课件内容要优质

1. 内容创意

（1）故事化叙述。将课程内容融入有趣的故事或情境中，通过讲述故事的方式引导学生学习，使学习过程更加生动有趣。

（2）实例和案例。引入实际生活中的例子或案例，让学生看到所学知识的应用价值，增强学习的动力和兴趣。

（3）幽默元素。适时地加入一些幽默的段子、表情包等，可以活跃课堂气氛，让学生感到轻松愉悦。

2. 互动体验

（1）游戏化学习。设计一些与课程内容相关的互动游戏或挑战任务，让学生在游戏中学习，提高学习的趣味性和参与度。

（2）即时反馈。设置即时反馈机制，让学生在回答问题（如选择题、填空题等）后立即得到反馈，增强学习的成就感。

（3）小组讨论。组织小组讨论或合作学习活动，让学生在交流中碰撞思想、分享见解，增强学习的互动性和合作性。

3. 技术应用

（1）多媒体整合。利用音频、视频、动画等多种媒体形式来呈现课程内容，使课件更加丰富多彩、生动形象。

（2）互动工具。使用在线平台提供的互动工具（如投票、举手、聊天等）来增加课堂互动，让学生积极参与学习过程。

（3）虚拟现实（VR）/增强现实（AR）。如果条件允许，可以尝试使用VR/AR技术来创建沉浸式学习环境，让学生身临其境地感受所学内容。

（4）使用蒙版。在图片上添加半透明蒙版，方便添加文字或其他视觉元素，同时保持图片的清晰度。

（5）线条与形状。用辅助线条贯穿整个材料，增强整体感。同时，可以使用形状（如椭圆、矩形等）来分割页面或突出重要内容。

4.创意与个性化

（1）创意元素。在课件中融入创意元素（如独特的图形、动画或互动设计），以吸引学生的注意力并提升学习兴趣。

（2）个性化定制。在制作课件前，了解学生的兴趣爱好、学习风格和学习需求，根据他们的需求制定课件内容和形式。这有助于增强学生的学习动力和参与度。

（3）差异化教学。针对不同层次的学生设计不同难度的任务和挑战，让每个学生都能在适合自己的水平上得到发展。

（4）个性化反馈。根据学生的表现给予个性化的反馈和建议，帮助他们更好地认识自己、改进学习。

比如，在讲解一些文化故事时，可以插入一些与时代背景相符的插画或漫画来增加趣味性；在制作面向儿童的课件时，可以使用卡通字体和色彩鲜艳的图片来吸引他们的注意力。

5.易于理解和记忆

制作课件时，建议使用简单易懂的语言来表达复杂的概念，避免滥用专业术语。在重点突出方面，可以使用加粗、变色、下画线等方式突出关键信息，帮助学生快速抓住重点。注意不要遗漏总结回顾环节，在每个小节或课程结束时进行总结回顾，帮助学生巩固所学知识。

（六）遵循教学原则

制作课件时，要能让他人从课件中看到以学生为中心的教学理念，不论是内容讲解还是操练都要关注学生的学习需求和兴趣点，要设计符合学生认知规律的教学内容。同时，要注重实践操练，尽可能地将理论知识与实际应用相结合，提高学生的实践能力。课件中要有激发学生兴趣的环节，即最好设置游戏环节，通过新颖的教学方式、有趣的教学活动和生动的讲解来激发学生的学习兴趣。

通过以上步骤和技巧，参赛者可以完善课件，制作出既符合教学要求又深受学生喜爱的课件，从而提升教学效果，并吸引评委及学生的注意力。

## 二、如何录制高质量比赛视频

在国际中文教育教学技能大赛中，录制高质量比赛视频需要综合考虑多个方面，包括前期准备工作、录制过程控制及后期制作处理等。视频录制操作可以遵循以下步骤和技巧进行，以确保录制出高质量、符合要求的视频。

### （一）前期准备

1.进行设备检查

确保录制设备（如摄像机、电脑、麦克风等）正常运行，电量充足，存储空间足够。如果需要网络，还要检查网络连接是否稳定，以便进行远程录制或上传视频。录制前，先进入教室以熟悉授课环境，由技术人员讲解设备使用要求和相关注意事项。测试音量和人脸亮度是否合适，并调整好课件的播放音量。选择高清、稳定的录制设备（如摄像机、麦克风、支架等），并进行充分调试，以确保画面和声音质量。

2.选择适合自己录课的软件进行安装

要选择合适的软件，需要考虑实际需求、软件功能、用户评价、软件稳定性等多个因素，还需要观察软件开发者是否具有专业知识、是否能提供良好的售后服务等。多方面综合考虑，才能选到适合自己的软件。专业的视频录制软件有QVE屏幕录制软件、福昕录屏大师等。这些软件通常具有高清画质、音画同步、低CPU占用率等优点。当然，随着时代的进步，将会有更多优质的软件可供选择，参赛者可根据自身需求进行检索。软件下载完毕后，就可以启动软件进入主界面。然后选择需要录制的区域，可以选择全屏录制或者自定义录制区域。

### 3.环境布置

选择光线充足、背景整洁、无噪声的录制环境。确保摄像机位置合理，能够全面覆盖课堂场景并突出教师和学生的表现。确保讲台、黑板（或白板）、课桌椅等教学设施摆放整齐，便于拍摄。

### 4.教学素材准备

准备充足且高质量的教学素材，提前准备好讲课所需课件，包括PPT、视频、音频、教具、实验器材等。检查课件中的文字、图片、视频等是否清晰，确保在录制过程中能够正常显示。PPT应简洁、清晰、规范，避免过多的文字和复杂的动画效果。例如，PPT的页面建议设置为16：9模式；可根据当前页面大小选择合适的字号，字号以清晰明了且能让学生看得清楚、舒适为佳；字体尽量选择宋体或黑体字，以避免PAL制（逐行倒相制）带来的闪烁；背景色避免使用纯白色，可以选择深色背景，以减少反光。应确保一旦教学素材出现问题，有可替换的方案。

### 5.教师准备

教师应在课前熟悉课件内容，做好充分的备课工作。教师应注意着装得体，仪态大方，避免在镜头前出现不必要的动作或表情。

### 6.学生准备

如果有的比赛要求下面坐学生，那么就要有学生方面的准备。当不分组时，建议学生数量在30人左右；若采用分组教学，每组学生5人左右，所分组数应小于8组，并尽量避免学生背对教师。若只需有学生回应，则安排三五个学生在下面配合教师讲课时的互动即可。听课的学生应统一着装、保持安静、避免杂音、坐姿端正，以便录制出整齐有序的课堂氛围。

### 7.预演与试讲

进行课堂实录的预演，通过预演发现问题并实施修改。试讲可以帮助学生和教师熟悉课堂流程，减少正式录制时的紧张感。

## （二）录制过程

### 1.设置录制参数

打开视频录制软件，根据需求设置视频格式、分辨率、帧率、音频等参数。选择全屏录制或自定义录制区域，确保能够完整捕捉到讲课内容。若比赛文件有具体要求，可按照相关要求设置录制参数，包括视频格式、分辨率、帧率、音频等。若比赛文件中无明确要求，则自行设置，以清晰高质为准。

2. 录制角度

合理安排摄像机位置，确保画面覆盖整个课堂，同时突出教师和学生的表现。可以采用单机"固定+移动"方式拍摄，并使用具有消音措施的移动支架协助拍摄。

3. 光线与声音

注意课堂光线和声音效果，确保录制环境光线充足且均匀，避免过暗、过亮或回音、杂音等影响观感的因素出现，声音效果要清晰。可以通过调整灯光和使用吸音材料来改善录制环境。

4. 教师表现

在录制过程中，教师应保持自信、大方、自然的台风，注意避免多余的动作和习惯性小动作；遵循教案或脚本进行教学，同时灵活应对课堂变化，及时调整教学策略；要引导学生积极参与课堂讨论和互动，展现课堂的活跃氛围；注意保持语速适中，表达清晰，与观众保持互动。

5. 特写画面

用足用好特写画面，捕捉教师和学生的精彩瞬间。特写画面可以突出教学重点和亮点，提高视频的观赏性。

6. 关注学生互动

在录制过程中，若下面有学生，教师应与学生保持良好的互动，及时回应学生的提问和反馈；要注意引导学生积极参与课堂讨论和互动环节，展现课堂的活跃氛围；注意捕捉学生的精彩瞬间和反应，作为视频亮点之一。

（三）后期制作

1. 视频编辑

视频录制完成后，使用视频编辑软件对视频进行剪辑、转换、压缩、调色、添加字幕等优化处理，以满足不同需求。检查视频中的错误或不足之处，并进行修正和完善。视频编辑应遵循简洁、清晰的原则，去除多余、重复和无关的内容，保留教学亮点。适当使用转场和特效来增强视频的连贯性和观赏性。调整视频的节奏和速度以符合教学需求和学生习惯。

2.字幕与配音

根据需要为视频添加字幕或配音，便于评委和观众理解教学内容。应确保字幕准确、简洁、无错别字，排版美观且与视频内容同步。配音应清晰流畅、情感饱满且与画面内容相匹配。

3.导出视频

将编辑好的视频导出为所需格式和分辨率，并保存至指定位置。检查视频文件的大小和格式是否符合比赛要求或上传平台的规定。注意保存好原始视频文件，以便后续需要时进行修改或重新编辑。还可以编辑成几个不同风格、不同版本的视频进行筛选，选择最好的一版视频参赛。

4.上传提交

按照比赛要求将视频上传至指定平台或提交给主办方。注意检查视频文件的大小和格式是否符合要求。注意上传截止时间，确保在规定时间内完成提交。尤其要注意不要在视频格式、上传地址方面发生错误。

# 第二节 录制视频的注意事项

对于录制视频和后期制作，很多教师不擅长甚至不熟悉。因为多数教师不常录课，所以会出现一些录制方面的问题，进而影响上课的效果。录制讲课比赛的视频是一个综合性的过程，需要关注多个方面的细节，以确保视频的质量和专业性。以下是一些录制视频时的关键注意事项。

## 一、注意教学设计

### （一）完整性与合理性

一定要确保教学设计完整、合理，能够突出课程的重点和难点，同时体现教学特色。

### （二）互动与参与

无论比赛规则是否要求下面必须有学生，讲课中都要设计足够的师生互动环节。要么教师自问自答，独自演示互动环节；要么教师鼓励在座学生积极参与课堂讨论和实践活动，展示学生的主动性和创造性。总之，互动环节是必不可少的。

### （三）创新教学方法

尝试使用新颖的教学方法（如情境教学、游戏化教学等），以提高视频的吸引力和趣味性。利用动画、图片等多媒体素材来增强教学效果，并吸引学生的注意力。力争教学内容有创新、有创意、有特色。

## 二、保证充足的演练

在正式录制前，一定要不厌其烦地进行多次练习，熟悉录制流程和软件操作，提高录制效率和质量。很多参赛者录制两三遍就觉得不耐烦了，即使之后发现问题也懒得改动了，这种心态是不可取的。一定要抱着精益求精的态度，录到自己、周围同学和指导教师都提不出意见为止。既然参加比赛就不要害怕付出，要认真和耐心地对待每个细节。

## 三、控制录制质量

### （一）掌握好时间

严格控制录制时间，确保在规定时间内完成录制任务。如需分段录制，应确保每段视频之间衔接自然。

### （二）控制好视频画面美感

确保画面清晰、稳定，无抖动或模糊现象。

### （三）处理好视频声音

保持视频声音清楚，无杂音或回音现象。确保麦克风收音清晰，避免背景噪声干扰。如有需要，可以在讲课过程中插入提问、讨论等环节，增加视频的互动性和趣味性。如果音效不好，可以再多佩戴一个麦克风。对于需要提交视频的比赛，音效尤为重要，越清晰越好。很多参赛者都会忽视视频效果，虽然过程准备得很认真，但是录制完的视频很粗糙，杂音较大，画面感也不精致。这些细节都会被扣分，建议使用专业录音设备。

（四）调节好视频质量

注意光线调节和色彩平衡，确保视频画面色彩自然、饱和度高。

（五）充分利用多媒体资源

一定要保证多媒体是灵活的、丰富多样的，切忌课件布满文字。注意观察录制软件的运行状态，如有异常及时调整。

（六）做好备份

录制结束后，最好保存两份视频资料，一份用来编辑修改，另一份留档保存，以备不时之需。

## 四、录制内容查验

课件内容录制好后要多角度、多方位查验，应进行多次审核和修改，检查其中是否存在低级错误，如标点符号的使用错误、错别字等。有的参赛者在序号标注方面产生失误（如序号连不上或遗漏序号数字等现象），需注意尽量避免低级错误。所以应认真检查录制内容，务必确保视频内容准确无误且符合比赛要求。注意课堂中的每个细节（如板书设计、学生表情等），这些都有可能成为视频的亮点或瑕疵。提前检查并准备好所有可能用到的设备和素材，以免录制过程中出现意外情况。如需使用多媒体资源，应确保其格式兼容且已提前测试好，确保录制过程中不出现技术故障。

## 五、关注比赛规则

仔细阅读比赛规则和要求，确保录制的视频符合比赛标准。比如，要关注录制时长、是否要求下面坐学生、是否在视频开头加入说课内容等细节。如果需要学生坐在下面配合教师，那么录制时要注意以下一些细节。首先，要注意学生座次安排。教师应先到录制室，根据全景镜头布置好学生的桌椅，确保桌椅均出现在画面里。其次，建议把回答问题的学生安排在中间，这样学生回答问题时便于切换镜头。再次，录课时，全体学生应保持安静，避免各种杂音，避免影响高灵敏麦克风录音质量；学生应坐姿端正，不要随意晃动，以防摄像头自动跟踪捕捉特写镜头；教师应与学生确认同桌和小组的分配；学生回答问题时，应站定等候3秒，再回答问题，这样便于摄像头捕捉特写镜头。最后，对于服装是否需要统一的问题，教师可以根据自己的喜好来确定。总之，要严格按照比赛规定进行录制和提交视频，确保视频符合比赛要求，避免违规操作。

## 六、注意板书的安排

教师应提前在旁侧的黑板上写好授课题目，防止忘记写板书；提前设计好板书如何利用，确定是选择二分法还是三分法。提前设计好板书上的重点内容、次要内容、作业等的书写方式及位置。板书尽可能清晰、美观、大方，以保证录制效果。需要注意的是，若讲课过程中没有板书，有可能会被扣分。

## 七、注意服饰与妆容

### （一）着装要得体

教师服饰应稳重大方，颜色搭配合理，避免穿着过于花哨或暴露的服装。男教师可穿衬衣或西服，打领带；女教师可穿职业套装，服饰最好以亮色为主，在样式上以连衣裙为上。教师着装的整体原则是所穿衣着要将教师衬托得干净、利落且干练。由于录音设备敏锐，因此教师尽量不要穿高跟鞋。

### （二）妆容应整洁

女教师可适当化妆，以提升气色，但要注意避免浓妆艳抹；长发需扎起并固定于耳后，保持整洁。男教师要注意面部、发型、服装的清洁。

### （三）仪态有修养

教师不应在镜头前有多余的动作，如捋头发、托眼镜、拽衣服等。旁侧的刘海儿可以用一字夹别在耳后；框架眼镜可以用隐形眼镜替代；女教师可以穿连衣裙，避免整理衣服。

（四）仪态需敬人

比如，教师指定某个学生回答问题时，应手掌向上，用请的姿势，切忌用单指指人。当学生说出一个精彩的答案后，教师应及时表达赞赏。

## 八、注意教师的表现

（一）站位

教师应尽量站在讲台中部区域，切忌各种小幅度走动、晃动，无特殊要求不要走进学生区。录课时，教师注意不要走到摄像镜头之外，也不要总在课桌后和电脑台后。可以适当走动，辅以适当的肢体语言，切忌僵化地处于某个位置不移动，最好在镜头范围内设置2~3个固定点，通过走动切换场景，增强画面动态感。

（二）走动

教师确实需要走动时，应平稳且和缓地移动，然后在站定的位置立定不动，稍停，这样便于镜头推进。建议走动范围限定在教室中间区域，不要沿着教室四周走动。

（三）点名

教师点名时，可以点离自己较近的学生，便于镜头推进。换学生回答问题时，要避免东点一名学生，西点一名学生，否则镜头很难迅速跟踪至学生正面，难以保证完整地录制到学生回答问题的情境。

（四）互动

教师要和学生互动。学生站起来回答问题时，要先起立站定，3秒左右后再大声作答。学生回答问题的时间最好长一点，经教师同意后学生再坐下。此时，教师最好站在讲台上不要走动，用眼神、表情、手势去回应学生即可，避免因动作过大，被镜头自动捕捉。

## （五）声音

教师在视频中呈现的音质要尽量清晰，要有抑扬顿挫、轻重缓急的变化。语音（音调、语速、语气）很重要，特别是语言的感染力。同时，教师的普通话一定要标准。语速建议保持在200~220字/分；重点内容适当停顿，可配合手势强调。使用外接麦克风（如领夹麦）时，避免声音忽大忽小，结尾句可适当降调收尾。

## （六）状态

录制线上课程时，不要太拘谨。教师要从容，不要显得紧张、局促，要有自信、有定力。教师要在讲课的过程中，展现出自信、大方。在自信的基础上，还要放松、自如的表达，要用感性的方式来呈现理性的高度和深度。保持嘴角上扬，在关键内容时可适当皱眉或睁大眼睛，但要避免夸张的表情。

## （七）上镜效果

录制视频时，教师应注意自然与专业感的融合，尤其要注意视频在开始和结束的两三秒内教师的站姿，即在镜头开始录制和结束录制的两三秒内，教师应保持面带微笑且静止不走动的画面，以保证提交时的视频封面比较正式。在国际中文教育教学技能大赛中，上镜效果直接影响评委的第一印象。建议通过"声调起伏+肢体配合"增强代入感，站立时双脚与肩同宽，重心前倾，手势幅度控制在肩部至腰部区域，避免频繁晃动。录制后回看视频，用红笔标注需要改进的细节（如口头禅、眼神游离），重复练习至形成肌肉记忆。最终呈现需达到"如临现场"的真实感，让评委在屏幕前感受到你的专业与热情。

## 九、注意录制失误的应对方法

### （一）开头失误

如刚开始上课就出现明显或者重大失误，应选择重新录制。

（二）中途失误

如录制过程中出现失误，教师应保持冷静并继续录制，事后可通过剪辑等方式进行修正。如遇到技术问题或操作困难，教师可寻求专业人士或同事的帮助和支持。

（三）结尾失误

如果上课已经超过一半或者课程快要结束时出现失误，建议教师先继续讲完课程，录课结束后再根据实际录课效果，决定是否需重新录制失误部分，然后在后期制作中进行剪辑拼接。需要注意的是，如果比赛要求提交原视频，不允许过度剪辑或者编辑优化等，那么在此要求下无论讲课过程中出现什么失误都需要重新录制。

（四）时间失误

若讲课超时，可在后期通过剪辑掉学生讨论环节等措施进行修正，或者重新录制视频。

综上所述，录制国际中文教育教学技能大赛视频需要注意多个方面的细节和要求。参赛者通过充分准备和精心制作，可以确保视频的质量和专业性，为比赛取得好成绩奠定坚实基础。

# 第五章　着装与礼仪篇

在国际中文教育的广阔舞台上，每名教师都是传播中国文化的使者，他们不仅传授知识，更在无形中传递着中国文化的精髓与魅力。在这个多元文化的交汇点，教师的着装与礼仪不仅是个人形象的体现，更是中国文化的外在展示，对于建立信任、促进交流具有不可估量的价值。在国际中文教育的课堂上，教师的着装不仅关乎个人形象，也直接影响着学生的学习态度和课堂氛围。得体的着装能够彰显教师的专业性和亲和力，为学生树立榜样，也是对学生和课堂的一种尊重。而礼仪，作为文化交流的桥梁，更是教师在国际舞台上展现中国风采的关键。良好的礼仪不仅有助于构建和谐的教学环境，还能增进师生之间的理解和尊重，促进不同文化背景下的有效沟通。本章将深入剖析国际中文教育教学技能大赛中参赛者的着装及礼仪，给出着装及礼仪的建议和注意事项，让参赛者以更加自信、专业的姿态在比赛中绽放光彩。

## 第一节　着装建议

在国际中文教育教学技能大赛中，着装是展现教师专业形象和风采的重要方面。着装不仅能够展现参赛者的个人形象和专业素养，还能够体现参赛者对比赛的尊重和重视程度。一身得体、专业的着装能够帮助学生和评委更加专注于教师的教学内容和表现。关于参赛服装的材质要求，虽然没有具体的统一标准，但是可以根据一般专业场合的着装规范和一些通用原则来推测和归纳。以下是一些关于国际中文教育教学技能大赛中参赛者着装的建议，旨在帮助参赛者塑造出既专业又得体的形象。

### 一、整体着装原则

在比赛中，整体着装原则是展现参赛者的专业性、严谨性及对评委和观众的尊重。以下是一些关键的着装原则。

#### （一）整洁大方

整体着装应干净整洁，服装无皱褶或破损，既要展现出良好的个人形象和风采，又要展现出良好的个人卫生习惯和专业性。

#### （二）精致稳重

国际中文教育教学技能大赛通常在学校或类似教育机构举行，属于较为正式场合，参赛者着装应偏向精致稳重，以体现出教育行业的专业性和严谨性；避免佩戴过于花哨或夸张的装饰物；同时，要考虑到观众的群体特征和文化背景，避免穿过于前卫或另类的服装。

#### （三）得体性

应穿着淡雅，服装尺码合身，避免服装过于紧绷或宽松。参赛服装应展现出参赛者的专业素养和专业形象，应符合国际中文教育教师的职业特点。

#### （四）色彩搭配

参赛服装的颜色应以展现专业性和稳重性为主，建议选择素色或低饱和度的颜色（如黑色、白色、米色、灰色、深蓝色等经典色系），这些颜色能够凸显参赛者的专业形象，给人以稳重、可靠的印象。参赛服装整体颜色搭配应简洁大方，避免过于花哨或复杂的颜色组合。简洁的颜色搭配能够凸显参赛者的气质和品位，同时避免给评委和观众带来视觉上的干扰。参赛者全身着装颜色不宜超过三种，避免给人带来杂乱无章的感觉。可以通过色彩呼应或点缀的方式，使整体造型更加和谐统一。

#### （五）色彩寓意

应考虑色彩的心理效应，选择与讲课内容或氛围相协调的颜色。例如，讲解严肃、庄重的主题时，可以选择深色系服装；而讲解活泼、欢快的主题时，可以适当加入浅色系或亮色装饰物作为点缀。

（六）体现个性

在符合总体要求的前提下及保持专业性的基础上，可适当融入个人风格，使着装更加符合自己的气质和个性。需要注意的是，着装风格应与教学内容和教学环境相协调，不宜过于张扬。

（七）季节适应性

根据国际中文教育教学技能大赛的具体时间和地点，选择合适的服装厚度和材质。例如，在冬季，可以选择保暖性好的羊毛衫或大衣作为外套；在夏季，可以选择轻薄透气的衬衫或连衣裙。

（八）场合适应性

要考虑环境因素，即根据比赛的具体环境和条件来选择着装。例如，如果比赛场地较冷，可以选择保暖性较好的衣物；如果比赛场地较热，应避免穿着过于厚重的衣物。

（九）遵循比赛要求

在参赛前，务必仔细阅读比赛规定中关于着装的具体要求，确保自己的着装符合规定要求，以免因着装问题影响比赛成绩。

综上所述，国际中文教育教学技能大赛的整体着装原则应以整洁大方、典雅稳重为基础，注重色彩搭配、款式与细节的处理，以及性别差异和季节与场合的适应性。通过精心选择和搭配着装，可以展现参赛者的专业素养和良好形象。

## 二、具体着装建议

### （一）男性参赛者着装建议

男性参赛者可以选择西装、衬衫，搭配领带和合适的鞋子（如系带式皮鞋）。西装颜色以深色为主，衬衫可以选择白色或淡色系。领带颜色应与西装和衬衫相协调。

1.上衣

建议选择衬衫、西装或中山装等正装上衣，展现出专业与严谨。上衣颜色可以选择深色系（如深蓝色、黑色、灰色），较为稳重；也可以根据个人肤色和气质选择浅色系（如浅灰色、米色、白色），以展现稳重和专业的形象。

2.衬衫

搭配白色、浅蓝色等素色衬衫，领口和袖口应保持干净，可适当佩戴领带，以增加正式感。

3.下装

搭配西裤或正装休闲裤，颜色与上衣相协调，保持整体着装颜色的统一性。

4.鞋子

鞋子应选择与整体着装风格相符的正式款式，如皮鞋、休闲皮鞋等。可以选择黑色或深棕色的皮鞋，保持鞋面干净、光亮、无破损或划痕，并尽量避免走动时鞋子发出噪声。避免穿运动鞋或休闲鞋。

5.袜子

对于需要穿袜子的场合，应选择与鞋子和裤子颜色相协调的袜子，避免过于突兀的颜色搭配。

6.配饰

佩戴领带可以增添专业感，但领带颜色需与整体着装相搭配。同时，注意"三一定律"，即鞋子、皮带和公文包的颜色应保持一致。避免过于花哨的图案和配饰。可以根据个人喜好选择领带的颜色、款式，也可以根据比赛的场合、级别和严肃程度来决定是否佩戴领带。除此之外，还可以佩戴简洁的腕表、领带夹等配饰，但不宜过多，避免给人繁杂之感。不建议男性参赛者佩戴戒指、项链、手镯、耳钉等配饰。

7.发型

发型应得体大方，头发长度适宜，不宜染发，避免过于复杂或夸张的发型。发型应以能体现出教师的干练气质为准。

8.妆容

对于男性参赛者来说，虽然不需要像女性参赛者那样化淡妆，但是可以适当修饰面容（如保持面部清洁、修剪胡须和鼻毛等），以展现出良好的精神面貌和专业形象。

（二）女性参赛者着装建议

女性参赛者可以选择套装、衬衫或连衣裙等正式服装。服装颜色同样以基础色系或沉稳色系为主。如果穿裙子，裙子的长度应适中（一般裙子下摆位于膝盖附近），并搭配合适的丝袜和鞋子。避免穿过于暴露或性感的服装。

1.上衣

上衣可以选择剪裁合体的套装、套裙、连衣裙或衬衫等正装，颜色同样以简洁大方为主，既可以选择深色系，也可以选择白色、浅蓝色、浅灰色等浅色系，还可以选择纯色或带有细腻条纹、波点等图案的上衣，以展现出优雅和专业的气质。女性参赛者的选择要比男性参赛者广泛得多，对于女性参赛者来说，清新淡雅的颜色较好，应避免穿着过于鲜艳或刺眼颜色的上衣。

2.衬衫

应搭配简洁大方的衬衫或上衣，领口不宜过低，袖口可卷起或佩戴袖扣。衬衫不宜过紧或过松，整体搭配以协调为主。

3.下装

可以选择深色系的西裤、A字裙或正装长裙，长度应适中，避免过短或过长。下装颜色应与上衣相搭配，保持整体色调的和谐统一。

4.鞋子

应选择黑色或深棕色的高跟鞋或平底鞋，确保鞋面干净，与整体着装风格相符。高跟鞋的鞋跟高度以3~4厘米为宜。鞋跟不要太高，避免走路不自然或者录制视频时发出不必要的响声。应提前检查高跟鞋的舒适度。避免穿拖鞋、凉鞋等休闲鞋。

5.袜子

若着装时选择了套裙或连衣裙等裙装，建议穿长筒丝袜；若着装时选择了长裤，应搭配与鞋子和裤子颜色相协调的袜子，避免过于突兀的颜色搭配。

6.配饰

可以选择简约而有质感的项链、耳环、耳钉、手表等配饰，不宜选择过于华丽、复杂或花哨的配饰。避免选择过于闪亮或容易发出声响的配饰，以免分散观众和评委的注意力。

7.发型

发型应整洁大方，不遮挡面部。对于长发女性参赛者，可以选择将头发扎起来或盘起来，以展现利索的气质和干练的形象。不宜留太复杂或夸张的发型，不建议将头发染成夸张的颜色。所留发型应体现出干净、优雅、干练的气质。

8.妆容

在国际中文教育教学技能大赛中，男性参赛者要注意发型及面部的干净整洁，而女性参赛者是可以化妆的。化妆可以为女性参赛者增添自信和魅力，同时有助于女性参赛者在镜头前呈现出更好的形象。女性参赛者化妆时应注意以下四点。

（1）适度原则。化妆应以淡妆为主，避免过于浓重或鲜艳的妆容，以免给评委和观众留下不好的印象。合适的妆容可以提升女性参赛者的气色，使她们看起来更加精神和专业。

（2）自然风格。妆容应追求自然、清新的风格，与参赛者的气质和讲课内容相协调。避免使用过于夸张或鲜艳的眼影、口红等化妆品。

（3）注重细节。在化妆时，参赛者应注重细节处理，如底妆的均匀、眼妆的精致、唇妆的自然等。同时，要确保妆容的持久性，以免在讲课过程中出现脱妆或晕染的情况。

（4）与服装搭配。妆容应与参赛者的服装相搭配，形成整体协调的视觉效果。避免妆容与服装风格不符或产生冲突。

总之，在国际中文教育教学技能大赛中，得体的着装能够为参赛者加分。比赛中的着装应以正式、专业、整洁、舒适为原则，同时注重细节和个人风格的展现。这样不仅能提升参赛者的专业形象，也能让评委和观众更加专注于参赛者的教学内容，以确保给评委和观众留下专业、得体的印象。希望以上建议能够帮助参赛者塑造出良好的个人形象，更好地展现出自身的专业形象和教学风采。

# 第二节 着装注意事项

在国际中文教育教学技能大赛中，个人形象直接或者间接影响着参赛者的比赛成绩，所以参赛者在着装方面应注意以下事项。

## 一、避免过于抢眼的颜色

搭配服装时，无论选择哪种搭配方案，都应注意整体色调的和谐统一，避免过于花哨、复杂或刺眼的颜色组合。尽量避免选择过于鲜艳或抢眼的颜色，如荧光色、大红色等。这些颜色可能会分散评委和观众的注意力，不利于展现参赛者的专业素养和形象。

## 二、考虑季节和场合

选择服装颜色时，应考虑比赛的季节和具体场合。例如，在夏季或室内较为明亮的场合，可以选择一些浅色系或冷色调的服装来降低视觉温度；而在冬季或室内较为暗淡的场合，可以选择一些深色系或暖色调的服装来增加视觉温暖感。

## 三、考虑个人肤色与气质

参赛者应根据自己的肤色和气质来选择合适的服装颜色。一般来说，肤色较白的人可以选择多种颜色的服装；而肤色较暗的人应避免选择过于暗淡或沉闷的颜色。同时，参赛者要考虑自己的气质特点，选择与个人气质相符的服装颜色，尽量避免那些让自己看上去面色憔悴、不精神的着装。

## 四、注意配饰与细节

适当的配饰（如领带、丝巾、手表、项链等）能够增添整体着装的亮点与精致感。配饰要得体、适度，不宜过多、过乱、有异响、颜色夸张刺眼等。同时，应注意细节处理，如领口、袖口、裤脚等部位的整洁与平整。

### 五、注意衣服款式

（1）不要穿太阔形的衣服。教师上课时的精气神很重要，衣服宽大很容易给人一种状态不佳的感觉。冬季可以选择修身的毛呢西装外套或微阔形的西装外套，既保暖又精神。服装应合身得体，既不紧绷也不松垮。过紧的服装会让人感到不适，而过松的服装会显得不够精神。

（2）不要穿过长的衣服。有的人喜欢穿长及脚踝的连衣裙、羊绒大衣或者羽绒服，而这些衣服不适合参加比赛时穿，因为衣服过长会让人感觉不利索。

（3）不要穿过厚的衣服。在比赛中，着装需兼顾专业形象与授课便利性。避免过厚衣物的核心在于平衡保暖与灵动。着装要避开太厚重、笨拙、臃肿的形象搭配。讲台上的着装是流动的教案，得体的形象管理能让评委在短时间内建立专业认知。

（4）不要穿牛仔裤、运动鞋。一些年轻人喜欢西装搭配牛仔裤或者一身正装搭配运动鞋。上述搭配用于日常活动并无不妥，但在如国际中文教育教学技能大赛等正式场合中着装应相对正式，不要穿牛仔裤、运动鞋。建议参赛者可以西装搭配比较正式的锥形裤、直筒裤、微阔腿裤，鞋子可以穿皮鞋、高跟鞋等。

（5）不要穿过于暴露、轻薄或透明的衣物。无论男女，都应避免穿着过于暴露的衣物，以免分散观众注意力。衣服材质应避免过于轻薄或透明，以免造成不必要的尴尬和失态。

（6）不要穿让自己感觉紧张、拘谨、不舒适的衣物。虽然需要正式着装，但是着装的舒适度同样重要。选择合身的衣物，避免因过紧或过松影响活动自如。过于宽大的衣物会显得拖沓，而过于紧致的衣物会限制动作，影响教学表现。应选择剪裁合体的衣物，既能够凸显身材线条，又能够保持专业形象。在比赛过程中，参赛者需要保持长时间的站立、走动或演讲，可能会出汗，因此服装材质应舒适且具备良好的透气性和吸湿性，以保持身体的干爽和舒适，防止参赛者在长时间讲课过程中感到不适、尴尬，避免产生疲劳感。如果有参赛者因对新衣物不适应而影响比赛状态，建议提前试穿和适应新衣服，避免因穿着不当而影响讲课效果。

（7）保持衣物挺括与垂顺。选择优良材质的衣物，能够提升整体造型的质感。避免选择易皱、易变形材质的衣服，以免影响形象。对于上衣（如衬衫、西装外套）等需要保持挺括外形的服装，其材质应具有一定的硬挺度和支撑力，以确保服装的整洁和美观。而对于下装（如西裤、裙装）等需要展现垂顺感的服装，其材质应具备良好的垂坠性，以展现优雅和专业的气质。

## 六、要有一定的亲和力

在国际中文教育教学技能大赛中，着装不仅是个人形象的展示，更是教育理念的具象化表达。通过色彩、材质与设计的巧妙搭配，以亲和力为核心，可构建专业信任感，打造"专业而不失温度"的讲师形象。参赛者应学会用色彩传递教育温度，用柔软面料传递包容态度，可选择米白色、浅驼色、淡粉色等低饱和暖色系，比冷色调更易引发情感共鸣。例如，内搭一件奶茶色针织衫，外罩米杏色西装，既保留学术气质，又能展现柔和的气质。讲台上的着装应是"无形的教案"，通过材质的柔软度、色彩的温度感与设计的包容性，让观众在视觉上先于内容产生安心感。

## 七、注意个人卫生和形象

应保持整洁的发型，避免凌乱或夸张的发型。保持面部清洁，女性参赛者可以适当化妆，以展现良好的气色和精神状态。保持手指甲、五官等部位的卫生。保持衣物干净，避免墨点、油点等污渍。注意衣物的细节处理，如确认纽扣、按扣、拉链、缝线等是否完好无损。这些细节虽小，却能体现出参赛者对比赛的重视程度。

总之，在国际中文教育教学技能大赛中，得体的着装不仅能够展现出参赛者的专业素养和自信风采，还能够给评委和观众留下良好的印象。因此，参赛者应认真对待着装要求，选择合适的衣物和配饰来展现自己的最佳状态。在参赛前，参赛者务必仔细阅读比赛规定中关于着装的具体要求，确保自己的着装符合规定要求。

# 第三节　礼仪建议

在参加国际中文教育教学技能大赛时，礼仪至关重要，它不仅体现了教师的专业素养，还体现了教师的个人修养及素质，能有效提升讲课效果，赢得评委和观众的好感。以下是一些关于国际中文教育教学技能大赛时的礼仪建议。

## 一、准备阶段

### （一）着装得体

选择一套正式、得体的服装，以展现自身的专业性和对比赛的重视。避免过于花哨或暴露的装扮，以免分散评委和观众的注意力。

### （二）熟悉场地

提前到达比赛现场，熟悉讲台、多媒体设备等，确保讲课过程中不会出现技术故障。

### （三）心理准备

保持自信、放松的心态，可以通过深呼吸、正面自我暗示等方式缓解紧张情绪。

## 二、登台阶段

### （一）步态稳健

上台时，步伐要稳健、自信，面带微笑，用眼神及微笑向评委和观众致意。可以适度放慢脚步，步履稳健地走向讲台，以展现从容不迫、谦和诚挚。

### （二）礼貌鞠躬

上台后，先向评委和观众鞠躬行礼，表示尊重和感谢。鞠躬时，面带微笑，身体前倾 15～30 度，保持几秒后再起身。

### （三）自我介绍

简短而清晰地介绍自己，包括姓名、工作单位等，同时表达自己对比赛的期待和感谢。表情亲和自然，面带微笑。

## 三、讲课阶段

### （一）站姿端正

讲课过程中，保持腰板挺直，双脚自然分开与肩同宽，双手可自然下垂或适当配合讲稿做手势。避免弯腰驼背、掉肩斜背、抖动双腿等不良姿态。舞台三定法——站定、笑定、眼定，可以帮助参赛者缓解紧张的情绪。站定，即找到讲台上最佳站立点，不宜太频繁地来回走动。笑定，即保持微笑，缓和紧张气氛，善意的微笑能赢得观众好感。眼定，即把眼神定在一个地方，既能帮助参赛者冷静下来，也能传递给观众一种淡定的气场。

### （二）声音洪亮

讲课声音要清晰、洪亮。整个演讲过程中，都要有意识地调整自己的音量，音量要有高有低、有起有伏，不可一成不变，要抑扬顿挫，有层次感。

### （三）眼神交流

与评委和观众保持适当的眼神交流，以展现自信和亲和力。可以通过环视全场、与个别观众对视等方式进行眼神交流。切忌面无表情，特别是眼神的调整非常重要。

### （四）手势恰当

手势要自然、大方，与讲课内容相协调。避免手势过多、过碎或过于夸张，以免分散评委和观众的注意力。

### （五）互动积极

在讲课过程中，可以适时提出问题、邀请观众回答或参与讨论，以增加讲课的互动性和趣味性。

## 四、结束阶段

### （一）耐心、平稳的教态

讲课结束时，参赛者依然要保持积极投入的热情，耐心地对本节课的主要内容进行简要的总结归纳，帮助观众回顾和巩固所学知识。不要着急收尾、草草收场。

### （二）感谢、感恩的心态

讲课结束后要向评委和观众表示感谢，感谢他们耐心倾听和支持。同时，若在时间和场合允许的情况下，可以表达自己对讲课内容的感悟和体会。

### （三）礼貌、得体的退场

退场时，同样要步态稳健、面带微笑，向评委和观众鞠躬行礼后再离开。

总之，在国际中文教育教学技能大赛中，良好的礼仪能够展现参赛者的专业素养和亲和力，提升讲课效果，赢得评委和观众的认可。因此，在准备和参加国际中文教育教学技能大赛时，参赛者务必重视礼仪方面的细节和表现。

# 第四节　礼仪注意事项

国际中文教育教学技能大赛的礼仪注意事项对于参赛者至关重要，它不仅体现了参赛者的专业素养，还能直接影响评委和观众对参赛者的印象。以下是一些具体的礼仪注意事项。

## 一、仪表着装

### （一）着装得体

参赛者的着装应整洁、规范，符合教师的职业形象。应选择正式、整洁、有领、长袖、合身的服装（如西装、衬衫等），以展现参赛者的专业性和对比赛的重视。避免穿过于休闲、花哨或暴露的衣物，不宜标新立异，以免分散评委和观众的注意力。

### （二）仪容整洁

保持个人卫生，注意保持面部清洁，适当化妆以提升气色，确保头发整齐，发型应简洁大方，但要避免浓妆艳抹或复杂夸张的发型。同时，注意修剪指甲，保持手部清洁。

## 二、姿态举止

### （一）站姿挺拔

在讲台上应站姿挺拔。站立时，应挺胸收腹，双肩放松，双脚自然分开与肩同宽，保持身体平衡。这样的站姿能够展现出参赛者的自信和风采。避免弯腰驼背、耸肩、抖动双腿、双臂耷拉等不良姿态。

### （二）手势恰当

手势要自然。在讲解时，可以配合适度的手势来强化讲课效果。手势应与讲课内容相协调，自然、大方、得体、恰如其分，避免过多、过碎、做作或夸张的手势。手势的运用应有助于强调重点、引导思路。

### （三）眼神交流

讲课时，要与评委和观众保持适当的眼神交流，以展现自信与亲和力。可以通过环视全场、与个别观众对视等方式实现眼神交流。若讲台下面坐有学生，则要注重与学生的眼神交流，让学生感受到教师的关注和尊重。同时，眼神要柔和、亲切、有神，避免给学生以冷漠或威严的感觉。

## 三、语言表达

### （一）声音洪亮

讲课声音应清晰、洪亮，确保角落的观众能听清讲课内容。同时，注意语速适中，避免因语速过快或过慢而导致观众难以理解。

（二）语言规范

要使用标准普通话进行汉语授课，应严格遵循普通话的语言规范，注意发音清晰、语调自然，使用准确、规范的词汇和语法。注意语音、语调、语气的恰当运用。避免使用方言、俚语或不当词汇。

（三）内容准确

确保讲课内容准确无误，避免出现错误或误导观众的情况。同时，注意语言的逻辑性和条理性，使评委和观众能够清晰理解。讲课内容要抓中心，避免冗长和啰唆。用简洁有力的语言传达信息，让评委和观众易于理解与接受。

## 四、互动与反馈

（一）积极互动

在讲课过程中，可以适时提出问题、邀请观众回答或参与讨论，以增加互动性和趣味性。同时，注意倾听观众的反馈和意见，及时调整讲课内容和方式，以激发观众的兴趣和参与度。

（二）礼貌回应

对于观众的提问或反馈，应礼貌回应、耐心解答，避免表现出不耐烦或轻视的态度。

## 五、时间观念

一定要提前到达比赛现场，这样可以有更多空余时间做准备。适应比赛场合，平复紧张心情，熟悉场地和设备，确保讲课顺利进行。切忌迟到、慌慌张张地走进会场，这样不仅容易造成紧张情绪，也会给评委和观众留下不好的印象，影响后面的发挥。

注意对时间的控制，切勿超时。根据比赛要求合理分配讲课时间，确保在规定时间内完成讲课内容。避免因为时间不足或超时而影响整体讲课效果。

## 六、保持自信

在整个讲课过程中，要保持微笑和自信的表情，展现出良好的精神风貌和职业素养。保持自信的心态，以最佳状态展现自己的教学能力和风采。切忌因紧张而表情木讷、眼神呆滞。

## 七、尊重评委和观众

在讲课过程中，要尊重评委和观众的意见与反馈，虚心接受他们的建议和指导，避免出现争论、反驳等不当言行。

总之，国际中文教育教学技能大赛的礼仪注意事项涉及仪表着装、姿态举止、语言表达、互动与反馈等多个方面。参赛者需要认真准备和练习，注重细节，全面提升自己的专业素养和礼仪修养，以赢得评委和观众的认可与支持。

# 第六章　才艺展示篇

　　在国际中文教育的广阔天地里，每名教师既是文化的传播者，也是知识的引路人。然而，在这个充满挑战与机遇的领域，单纯的语言教学往往难以满足学生多元化的学习需求和对文化探索的渴望。此时，才艺展示如一股清泉，为国际中文教育注入了新的活力与色彩。才艺展示，作为国际中文教育中一抹亮丽的色彩，不仅能够丰富教学内容，使课堂更加生动有趣，还能够增进师生间的情感交流，拉近彼此的距离。无论是书法、国画、茶艺，还是民乐演奏、舞蹈表演，都是中国文化的瑰宝，它们以独特的方式讲述着中国故事，传递着中国文化的精髓。通过才艺展示，教师不仅能够展示自己的才华与魅力，更能够在学生心中种下文化的种子，激发他们的学习兴趣和探索欲望。本章为才艺展示篇，将重点探讨在国际中文教育教学技能大赛中参赛者如何选择适合自己的才艺进行展示，并注意规避才艺展示过程中容易出现的问题，确保才艺展示环节丰富多彩、精彩流畅。

## 第一节　中华才艺种类介绍

　　中华才艺种类丰富多样，涵盖音乐、舞蹈、戏剧、武术、书法、绘画等多个艺术领域，以及剪纸、中国结等手工艺品制作技艺。通常情况下，国际中文教师必备的十大中华才艺有中国剪纸、中国结、中国书法、中国画、中国舞、太极拳、中国茶艺、中国象棋、中国厨艺、中国戏曲，但不拘泥于这十种。本节主要介绍较为常见的中华才艺，以便参赛者更好地了解中华才艺，从而选择更适合自己的才艺进行展示。

## 一、声乐类

声乐类是指以人声为主要表现媒介的艺术形式，涵盖独唱、合唱、重唱、音乐剧演唱、阿卡贝拉（无伴奏合唱）等。其核心特征是通过呼吸控制、发声技巧、共鸣运用等技术手段，结合语言、情感、音乐性，塑造艺术形象。声乐的分类维度有如下三种。

一是按照唱法分为美声唱法、民族唱法、通俗唱法和原生态唱法。美声唱法强调共鸣与泛音，如《茶花女》咏叹调。民族唱法突出民族语言与风格，如《茉莉花》。通俗唱法注重自然表达，如流行歌曲演唱。原生态唱法保留民族原生特质，如蒙古长调。

二是按照表现形式分为独唱、合唱、重唱和音乐剧。独唱可完全展现个人能力，如歌剧选段。合唱为多声部协作，如《黄河大合唱》。重唱为声部配合，如二重唱《饮酒歌》。音乐剧融合戏剧与演唱，如《猫》选段。

三是按照语言风格分为中文声乐和外语声乐。中文声乐涵盖传统戏曲、民族歌曲。外语声乐，如意大利语歌剧、英语音乐剧等。

## 二、演奏类

除了唱歌，参赛者还可以演奏乐器。中国乐器种类繁多，根据传统的分类方法，主要可以分为以下四类。

### （一）吹管乐器

吹管乐器主要通过气流吹动发音体（如簧片、哨片或管柱）来发声。这类乐器在中国音乐中占有重要地位，其音色多样，表现力丰富。吹管乐器主要种类如下。

（1）笛类。如曲笛、梆笛等，以竹子制成，音色明亮，适合演奏流畅的旋律。

（2）箫类。如洞箫，音色柔和、甘美而幽雅，适合独奏或重奏。

（3）排箫。由长、短不同的竹、木或铜管按音阶编排而成，音色圆润或明亮。

（4）唢呐。广泛流传于亚、非、欧多国及中国各地，音色高亢、热烈，常用于民间乐队和戏曲伴奏。

（5）笙。中国历史悠久的吹管乐器，通过簧片振动发声，音色丰富多变。

（6）埙。中国古老的吹孔乐器，用陶土烧制而成，音色独特，穿透力强。

（7）葫芦丝。云南少数民族乐器，又称葫芦箫，是一种具有浓郁地方色彩的少数民族乐器。葫芦丝在构造上仍保持着古代乐器的遗制，其音色独特淳朴，外观朴实、精致。与古筝、琵琶、二胡等传统民族乐器相比较而言，葫芦丝是较容易自学的民族乐器。

（二）弹拨乐器

弹拨乐器主要通过手指或拨子拨动琴弦来发声。这类乐器音色明亮、清脆，适合演奏活泼跳跃的旋律。弹拨乐器主要种类如下。

（1）古筝。中国古老的拨弦乐器，音色优美，表现力丰富。

（2）古琴。又称七弦琴，是中国古代文人雅士钟爱的乐器，音色深沉、古朴。

（3）琵琶。广泛用于中国民族乐队的弹拨乐器，音色清脆、明亮，技巧丰富。

（4）阮。起源于中国汉代的琵琶，音色恬静、醇厚，有大阮、中阮等多种类型。

（5）柳琴、三弦、月琴等。常见的弹拨乐器，各具特色。

（三）拉弦乐器

拉弦乐器主要通过弓弦拉动琴弦来发声。这类乐器音色柔和、优美，擅长演奏歌唱性的旋律。拉弦乐器主要种类如下。

（1）二胡。流传于广大中国地区的弓弦乐器，音色接近人声，表现力极强。

（2）京胡。京剧的主要伴奏乐器，音色高亢、明亮。

（3）板胡、高胡、革胡等。常见的拉弦乐器，各具特色。

（四）打击乐器

打击乐器主要通过敲击、摇动或摩擦等方式发声。这类乐器音色丰富多样，节奏性强，是乐队中不可或缺的部分。打击乐器主要种类如下。

（1）鼓类。如大鼓、堂鼓、排鼓等，音色低沉或高昂，用于加强节奏和烘托气氛。

（2）锣类。如大锣、小锣、云锣等，音色洪亮或清脆，常用于合奏和戏曲伴奏。

（3）钹类。如大钹、小钹等，音色响亮、穿透力强。

（4）编钟、编磬。古代大型打击乐器，音色清脆、穿透力强，具有深厚的文化底蕴。

此外，还有一些其他类型的乐器，如键盘乐器（如钢琴、手风琴等）等，虽然它们并非中国传统乐器，但在现代音乐中被广泛使用。还有许多其他民族乐器（如葫芦丝、冬不拉、手鼓等），它们的演奏同样具有独特的艺术魅力，共同构成了中国丰富多彩的音乐文化。总之，中国乐器种类繁多、各具特色、历史悠久、音色独特，能演奏出具有中国独特风格的传统音乐作品。

## 三、舞蹈类

在国际中文教育教学技能大赛中，可以展示具有中国特色的舞蹈，如古典舞、民族舞等。舞蹈表演可以结合音乐和美术等艺术手段，将作品的思想内容转化为可视可感的舞蹈形象。中国舞蹈类型丰富多样，具有深厚的文化底蕴和独特的艺术魅力。以下是中国舞蹈的主要类型。

### （一）古典舞

1.定义

古典舞是中国舞的主要形式，它源远流长，包含着丰富的历史文化信息和独特的艺术风格。古典舞是中国舞蹈艺术的一个类别，是在民族民间传统舞蹈的基础上，经过历代专业工作者提炼、整理、加工、创造，并经过较长时期艺术实践的检验而流传下来的具有一定典范意义和古典风格特点的舞蹈。古典舞的动作讲究手势、身姿、步伐的协调和内在情感的传达，以中国古代宫廷舞蹈为基础，融合了戏曲、武术等元素，讲究身韵、身法和技巧，如古典舞剧《红色娘子军》；又如《采薇》《罗敷行》等古典舞作品，通过优美的舞姿和动人的音乐，展现了中国古代文化的魅力。古典舞以其独特的身韵、技巧和深厚的文化底蕴吸引了众多外国朋友。

2.流派

古典舞可以细分为多个流派（如汉唐舞、敦煌舞等），每个流派都有其独特的风格和特点。

3.特点

古典舞的动作通常比较柔和、缓慢，注重手势和眼神的运用，以及身体各部分的协调。在服饰上，古典舞通常穿着传统的汉服（如广袖、长裙等），使舞者显得飘逸脱俗。

4.展示种类

常见的古典舞展示种类如下。

（1）水袖舞。通过舞者手臂的延长和身体的内在力量，展现出柔美与力量的完美结合。

（2）长绸舞。舞者手持长绸，通过身体舞动带动长绸飘动，形成优美的视觉效果。

（3）团扇舞。以团扇为道具，通过扇子的开合、旋转等动作，与舞蹈相结合，展现出独特的韵味。

（4）古典身韵组合。强调舞者身体的内在力量与外在表现的协调统一，展现出中国古典舞的独特魅力。

（二）民族舞

1.定义

民族舞是中国各民族在长期历史发展过程中形成的、具有鲜明民族风格和地方特色的传统舞蹈形式。民族舞是指中国各个民族的传统舞蹈，它们各自展现了民族的生活习俗、文化特色和情感表达方式。

2.种类

如藏族的锅庄舞、蒙古族的顶碗舞、苗族的锦鸡舞、汉族的秧歌舞等，每个民族的舞蹈都有其独特的风格和表现形式。

3.特点

民族舞内容丰富、形式多样、形象生动，反映了各民族的日常生活、劳动情景和节日庆典等活动。

4.展示种类

中国民族舞种类繁多、风格各异,常见的民族舞展示种类如下。

(1)蒙古族舞。以其雄浑、豪迈、粗犷、奔放的表演风格著称,展现了蒙古族人民的勇敢和热情。

(2)傣族舞。舞姿柔美、轻盈灵动,常以模仿孔雀等动物为特点,体现了傣族人民对自然的热爱和崇拜。

(3)新疆舞。节奏明快、动作多变,富有强烈的感染力,展现了新疆地区多元文化的交融。

(4)藏族舞。舞姿古朴矫健、风格独特,常伴有浓厚的宗教色彩,体现了藏族人民对神灵的敬畏和虔诚。

## (三)芭蕾舞

1.定义

虽然芭蕾舞起源于欧洲,但在中国它也作为一种独立的舞蹈形式存在,并且与中国舞元素相结合,形成了具有中国特色的芭蕾舞。

2.特点

芭蕾舞与中国舞的结合,使得芭蕾舞在保持自己优雅、高贵的同时,也具有了中国特色。例如,中国芭蕾舞剧《红色娘子军》,就是将芭蕾舞与中国革命历史相结合的经典作品。

## (四)现代舞

1.定义

现代舞是一种比较自由的舞蹈形式,它不受传统舞蹈动作和结构的限制,强调舞者的个性和创造性表达。中国现代舞在保留传统舞蹈精髓的基础上,吸收了西方现代舞的理念和技巧,形成了具有中国特色的现代舞风格。这种舞蹈形式以其自由奔放的表达方式和深刻的情感内涵,吸引了众多外国观众的关注。

2.特点

在中国,现代舞也常常融入中国传统文化元素,形成独特的风格。现代舞注重舞者的个人情感表达和时代精神的体现。

（五）当代舞

1.定义

当代舞是在古典舞和现代舞的基础上发展而来的一种舞蹈形式，它融合了多种舞蹈元素，表现手法丰富多样。

2.特点

当代舞关注社会现实和人生哲理，通过舞蹈来探讨和表达当代社会的各种问题和现象。

（六）街舞

1.定义

街舞是近年来在中国流行起来一种舞蹈形式，它起源于西方街头文化，包括 Breaking、Popping 和 Locking 等多种风格。

2.特点

街舞以其独特的节奏感和动感十足的表演方式受到年轻人的喜爱。

（七）跨界融合舞蹈

随着时代的发展，中国舞蹈也在不断创新，逐渐融合现代元素，形成了许多新颖独特的舞蹈形式。这些现代创新舞蹈同样受到外国朋友的关注。近年来，中国舞蹈与其他艺术形式的跨界融合越来越普遍，如舞蹈与戏剧、音乐、美术等的结合。这种跨界融合舞蹈不仅丰富了舞蹈的表现形式，也拓宽了观众的审美视野，受到外国朋友的喜爱。随着时代的发展，现代舞和跨界融合舞蹈也逐渐成为国际中文教育教学中舞蹈才艺展示的一部分。这些舞蹈形式融合了现代元素、西方舞蹈技巧或其他艺术形式（如戏剧、音乐等），以更加新颖、多元的方式展现中国文化的魅力。

（八）特色舞蹈

除了上述主要类型外，中国还有许多以道具为特点的舞蹈，如红绸舞、剑舞、扇子舞等。这些舞蹈以其独特的表演性和观赏性在中国舞蹈艺术中占据重要地位。

综上所述，中国舞蹈类型繁多、风格各异，每种舞蹈都承载着丰富的文化内涵和独特的艺术魅力。这些舞蹈不仅在中国受到人们的喜爱和传承，也在世界范围内产生了广泛的影响并得到了他人的认可。

受外国朋友欢迎的中国舞蹈类型有很多，既包括经典传统舞蹈（如古典舞和民族舞），也包括现代创新舞蹈（如现代舞和跨界融合舞蹈）。这些舞蹈作品以其独特的艺术魅力和深厚的文化内涵吸引了众多外国观众的关注和喜爱。比如，由知名舞蹈编舞蔡京老师创作的《鲤鱼跃龙门》在国际舞蹈比赛中荣获多项大奖，展现了中国舞蹈的独特魅力和创新精神。这部舞蹈作品融合了现代与传统的元素，既有深厚的文化底蕴，又充满创新精神，深受外国评委和观众的喜爱。还有在2024"世界因爱而生"第四届全球春节联欢晚会的舞台上，西班牙中西文化艺术学校选送的国风现代扇舞《天涯歌女》，以精湛的舞技和真挚的情感表达征服了中外观众。这部舞蹈作品不仅展示了中国舞蹈的技巧之美，更传递了深厚的文化情感。同时，随着中国文化不断走向世界，中国舞蹈在国际舞台上的影响力不断扩大。

## 四、戏剧类

中国戏剧种类繁多、历史悠久、文化底蕴深厚。根据不同的分类标准，中国戏剧可以划分为多个种类，但主要可以归纳为以下五类。

### （一）戏曲

戏曲是中国传统戏剧的总称，其以程式化表演、音乐唱腔和华丽的服饰为特点。中国戏曲种类繁多，较为著名的剧种如下。

（1）京剧。中国戏曲的代表，是中国的国粹，源于清朝，融合了徽剧、汉剧、秦腔和昆曲等地方戏曲的精华，以唱、念、做、打的表演形式著称。京剧通过特殊的唱腔、表演和化妆来展现角色的特点和情感，深受人们喜爱。

（2）越剧。长于抒情，以唱为主，声腔清悠婉丽，表演真切动人，极具江南灵秀之气。

（3）黄梅戏。原名黄梅调或采茶戏，流行于安徽、江西、湖北三省交界一带，以其独特的唱腔和表演风格深受人们喜爱。

（4）评剧。原名平腔梆子戏，俗称唐山落子，形成于河北唐山一带，具有浓郁的地方特色。

（5）豫剧。也叫河南梆子、河南高调，以唱腔铿锵大气、抑扬有度、行腔酣畅著称，是河南省的主要剧种之一。

此外，还有昆曲、川剧、粤剧、秦腔、晋剧、湘剧、沪剧、淮剧等众多戏曲剧种，各剧种在唱腔、表演、剧目等方面各具特色，共同构成了博大精深的中华戏曲艺术宝库。

（二）话剧

话剧又称戏剧，是被人们广泛认知且历史悠久的戏剧形式之一。它以对话为主要表演手段，通过演员的语言表达、肢体动作、舞台布景及灯光音响等元素来展现故事情节、塑造人物性格、传达思想主题。话剧剧本通常由散文体文字构成，强调现实主义或象征主义的表现手法，力图真实、深刻地反映社会生活、人性矛盾与时代精神。

（三）歌剧

歌剧是一种将音乐、歌唱、戏剧、舞蹈、舞台美术等多种艺术形式融为一体的综合性戏剧样式。其显著特征在于剧中所有或大部分对白与唱词均以歌唱形式呈现，配以管弦乐队现场伴奏。歌剧通过音乐与戏剧的紧密结合，营造出强烈的情感冲击力和艺术感染力。

（四）舞剧

舞剧又称芭蕾舞剧，是以舞蹈为主要表现手段的戏剧形式。舞剧以舞蹈动作、音乐、舞台设计、服装造型等元素来讲述故事、传达情感，以及展现人物关系与戏剧冲突。虽然舞剧中的对白和唱词相对较少，但是通过舞蹈语言的细腻表达与象征隐喻，能够深入触及观众的心灵。

（五）其他类型

除了上述四大类戏剧外，中国还有许多其他类型的戏剧形式，如地方戏、民族戏、实验戏剧等。这些戏剧形式各具特色，丰富了中国的戏剧艺术宝库。

综上所述，中国戏剧种类繁多、形式多样，具有深厚的文化底蕴和独特的艺术魅力。这些戏剧形式不仅是中国文化的重要组成部分，也是世界文化宝库中的瑰宝。在戏剧中，哪些内容受欢迎往往因观众群体、文化背景、时代潮流等多种因素而异。参赛者要衡量自己的特长和优势进行取舍。目前，较受欢迎的经典剧目有《霸王别姬》《西厢记》《牡丹亭》等，这些剧目因其深厚的文化底蕴、精湛的艺术表现和广泛的群众基础而深受人们喜爱。经典剧目往往经过时间的考验，其情节、人物、表演艺术等方面都具有高度的艺术价值和文化内涵。在戏剧演出中，一些经典剧目的名段因其脍炙人口、易于传唱而特别受欢迎。例如，京剧中的《贵妃醉酒》《霸王别姬》选段等，通过演员的精湛表演和舞台艺术的综合运用，给观众带来强烈的艺术享受。

同时，随着时代的发展，反映现实生活、贴近观众心理的现代题材戏剧作品越来越受欢迎。这些作品通过独特的视角和创新的表现手法，探讨当代社会问题、人性情感等主题，引发观众的共鸣和思考。将传统戏剧与其他艺术形式（如音乐、舞蹈、影视等）进行跨界融合的作品也备受欢迎。这种融合不仅丰富了戏剧的表现形式和内容，也吸引了更多年轻观众的关注。

## 五、武术类

中国武术是一门综合性格斗技术，作为中华民族的优秀文化遗产，具有悠久的历史和丰富的内涵。它不仅是集健身、防卫、艺术于一体的体育项目，而且蕴含着深厚的文化底蕴和哲学思想。

### （一）武术分类

中国武术的种类繁多，可以按照不同的分类标准进行划分。太极拳、形意拳、咏春拳等都是中国武术的代表，它们不仅具有强身健体的功能，而且蕴含着深厚的文化内涵。以下是一些主要的武术分类方式及对应的武术种类。

1.按照运动形式分类

（1）功法运动。

特点：以内功、外功、气功等为主要内容的武术训练方法。

代表拳种：太极拳、八卦掌、形意拳等。

（2）套路运动。

特点：以一定的规律和技法组成的一系列武术动作。

代表拳种：少林拳、咏春拳、醉拳等。

（3）搏斗对抗运动。

特点：以踢、打、摔等技法为主要手段，按照一定的规则进行实战对抗的武术项目。

代表项目：散打、摔跤、跆拳道（虽然跆拳道起源于朝鲜，但在中国也有广泛传播和练习）。

2.按照流派和地域特色分类

（1）北方武术。

特点：注重内外兼修，强调力量和技巧的结合。

代表门派：少林派、武当派、峨眉派等。

（2）南方武术。

特点：注重腿法和灵活性，动作紧凑有力。

代表拳种：南拳、咏春拳、洪拳等。

（3）内家拳。

特点：强调以内力为核心，注重内功修炼和身心合一。

代表拳种：太极拳、八卦掌、形意拳等。

其中，太极拳是以中国传统儒、道哲学中的太极、阴阳辩证理念为核心思想，集颐养性情、强身健体、技击对抗等多种功能于一体。太极拳结合了易学的阴阳五行之变化、中医经络学、古代的导引术和吐纳术，是一种内外兼修、柔和、缓慢、轻灵、刚柔相济的中国传统拳术。其简单易学，深受中老年中文学习者的喜爱。

值得强调的是，目前太极拳是外国人最受欢迎的一门课，也是众多参赛者都在学习及选择在比赛中展示的一种才艺。

（4）外家拳。

特点：侧重于力量和速度的发挥，技术多以迅猛有力的攻击为主。

代表拳种：少林拳、洪拳、南拳等。

3.其他分类方式

（1）器械类武术。

特点：强调使用刀、剑、枪、棍等各种兵器进行战斗或表演。

代表种类：短器械（如刀、剑）、长器械（如枪、棍）、双器械（如双刀、双剑）、软器械（如九节鞭、流星锤）等。

（2）象形拳。

特点：通过模仿动物的战斗特点来研究武术击打动作的拳术。

代表拳种：如螳螂拳、鹰爪拳、虎鹤双形等。

（3）集体表演。

特点：徒手或器械的集体表演项目。

代表项目：武术操、武术团体赛等。

中国武术的种类繁多，每种武术都有其独特的技法和风格。无论是按照运动形式、流派和地域特色，还是按照其他分类方式划分，都能体现出中国武术的博大精深和多样性。这些武术种类不仅在国内广泛流传，也在国际上享有盛誉，被称为"中国功夫"或"中国传统武术"。

### （二）武术的展示内容

武术作为中华优秀传统文化的代表之一，其展示内容丰富多彩，不仅体现了中华武术的博大精深，也传递了深厚的文化内涵和精神价值。如果参赛者想要选择武术作为才艺展示，以体现中华武术的博大精深和独特魅力，需明确自己要展示什么，如是展示中国武术的基本功还是套路表演。武术可以展示的主要方面如下。

1.武术技艺与流派

（1）基本功展示。武术的基本功包括拳法、腿法、身法、步法等，是武术学习的基础。通过展示武术的基本功，可以体现武术学习者的扎实基础和训练成果。

（2）套路表演。武术套路是将多个动作按照一定的顺序和节奏编排而成的连贯动作组合。不同流派的武术的套路风格各异，如长拳的舒展大方、太极拳的轻柔连贯、南拳的刚猛有力等。套路表演不仅展示了武术动作的协调性和美感，还体现了武术的独特风格和韵味。

（3）器械表演。除了徒手武术外，武术还包括使用各种器械的表演，如使用刀、枪、剑、棍等。器械表演要求表演者不仅要熟练掌握器械的使用方法，还要与身体动作协调配合，展现出高超的技艺水平。

2.武术精神与文化

（1）尚武精神。武术强调"以武止戈"，追求和平与正义。通过武术的展示，可以传递尚武精神，鼓励人们勇于面对挑战、维护正义。

（2）传统文化内涵。武术蕴含着丰富的传统文化内涵，如阴阳五行、天人合一等哲学思想。在武术展示中，可以通过动作、服饰、音乐等方面体现这些文化元素，让观众感受到中国文化的博大精深。

（3）体育精神。武术作为一种体育运动项目，强调坚韧不拔、勇于拼搏的体育精神。通过武术比赛和表演，可以激发人们的斗志和进取心，促进身心健康。

3.武术的应用与普及

（1）自卫防身。武术具有自卫防身的功能。通过武术展示，可以向人们普及自卫防身的知识和技能，提高自我保护能力。

（2）健身养生。武术动作注重内外兼修、形神兼备，具有很好的健身养生效果。通过武术展示和推广，可以引导更多人参与武术锻炼，享受武术带来的健康与快乐。

（3）文化交流。武术作为中国文化的瑰宝之一，在国际文化交流中发挥着重要作用。通过武术展示和比赛等活动，可以促进不同国家和地区人民之间的了解和友谊，增进文化认同和加深共融。

综上所述，武术可以展示的内容非常广泛，包括武术技艺与流派、武术精神与文化和武术的应用与普及等多个方面。这些展示内容不仅能够让观众领略到中国武术的独特魅力和文化内涵，也能够促进武术的传承与发展。

（三）武术的精神与内涵

武术的展示可以传递丰富的体育精神和文化内涵，具体表现如下。

1.体育精神

（1）参与精神。武术强调参与的重要性，无论是习武之人还是观武之人，都需要积极参与其中，才能真正体会到武术的魅力。这种参与精神体现了对自我挑战的勇气和决心，鼓励人们勇于尝试、不断进步。

（2）公正公平。在武术比赛中，规则是至关重要的。武术展示传递了公正公平的比赛精神，要求参赛者严格遵守规则，尊重对手，确保比赛的公正性和公平性。这种精神不仅体现了对体育道德的尊重，也促进了武术技艺的健康发展。

（3）坚韧不拔。武术的学习过程漫长且艰辛，需要习练者具备高度的忍耐力和毅力。武术展示中的每个动作、每次演练都是对习练者意志品质的考验。这种坚韧不拔的精神激励着人们面对困难时坚持不懈、勇往直前。

（4）超越自我。武术追求不断挑战自我、超越自我的境界。在武术展示中，习练者通过不断突破技术瓶颈、提高技艺水平来展现自己的进步和成长。这种超越自我的精神鼓励人们不断追求更高、更快、更强的目标。

（5）团队合作精神。虽然武术强调个人技艺的修炼，但是武术展示也体现了团队合作的重要性。在集体项目中，习练者需要相互配合、共同努力才能完成精彩的表演。这种团队合作精神有助于培养人们的集体荣誉感和协作能力。

2. 文化内涵

（1）尚武精神。武术作为中国文化的瑰宝之一，蕴含着深厚的尚武精神。这种精神强调以武止戈、追求和平与正义的理念。通过武术展示，可以传递这种尚武精神，弘扬中华民族的传统美德和道德观念。

（2）传统文化元素。武术展示中融入了许多传统文化元素，如阴阳五行、天人合一等哲学思想，以及古典诗词、音乐等艺术形式。这些元素不仅丰富了武术展示的内容和形式，也体现了中国文化的博大精深和独特魅力。

（3）武德教育。武术注重武德的培养和教育。在武术展示中，习练者通过遵守武德规范、尊重师长和对手等行为来展现自己的道德品质和修养。这种武德教育有助于培养人们的道德观念和社会责任感。

（4）健康养生理念。武术强调内外兼修、形神兼备的健康养生理念。通过武术练习可以在一定程度上达到增强体质、提高免疫力、延缓衰老等效果。在武术展示中传递这种健康养生理念，有助于引导人们关注自身健康、积极参与体育锻炼。

综上所述，武术的展示不仅可以传递丰富的体育精神（如参与精神、公正公平、坚韧不拔、超越自我等），还可以展示深厚的文化内涵（如尚武精神、传统文化元素、武德教育及健康养生理念等）。这些精神和内涵共同构成了武术独特的魅力和价值所在。

### 六、书法类

中国书法是一门古老的汉字书写艺术，是传统文化中的重要组成部分。从甲骨文、石鼓文、金文（钟鼎文）到大篆、小篆、隶书再到东汉、魏、晋的楷书、草书、行书等，书法一直散发着独特的艺术魅力。书法艺术追求的是笔墨的意境与审美价值，是中国文化的重要载体。

### （一）书体分类

中国书法被誉为无言的诗、无行的舞、无图的画、无声的乐等，是中国文化的重要组成部分。中国书法历史悠久、种类繁多，每种字体都有其独特的魅力和艺术价值。中国书法主要可以分为以下六种书体。

1. 篆书

定义：篆书是中国书法中最古老的书体之一，起源于商周时期的甲骨文和金文，发展于秦汉时期。篆书具有古朴、刚劲的风格，是古代印章和碑额上的常用字体。

分类：篆书一般分为大篆和小篆两大类。大篆主要包括甲骨文、金文、籀文等，它们保存着古代象形文字的明显特点；小篆主要包括玉筋篆、钢线篆等，是秦国的通用文字，也是大篆的简化形式，其特点是形体均匀齐整，比籀文更容易书写。

特点：篆书的笔法瘦劲挺拔，直线较多，起笔有方笔、圆笔和尖笔之分；其字形结构匀称，线条流畅，给人一种古朴大气之感。

2. 隶书

定义：隶书起源于古文和篆文，由秦人程邈所创，属秦汉时期的一种书体。隶书将小篆圆转不断的笔画变成了线条，使其更加便于书写。

分类：隶书分为秦隶和汉隶，其中汉隶又称为八分体。

特点：隶书的笔画方正、结构稳定、字形工整，其书写规范严谨，适用于书写公文和刻石；隶书的一大特点是"蚕头燕尾"，即开笔圆润，末尾稍往上，呈飞舞之姿。

3. 楷书

定义：楷书也被称为正楷、真书或正书，是从隶书逐渐演变而来的书体，更加简化，是现代书法体系的基础。

特点：楷书的笔画方正、结构严谨、书写规范；横平竖直，具有较高的可读性和美感，被广泛应用于书写和印刷。

4.草书

定义：草书是在隶书基础上演变出来的书体，有草篆、草隶、狂草等，草书是为了书写简便而产生的。

特点：草书的结构省简、笔画纠连，书写流畅迅速，但不易识别。草书以其激情四溢的笔触和独特的字形而闻名，是中国书法中最具抽象艺术特质的书体。

5.行书

定义：行书是在隶书的基础上发展的，介于楷书和草书之间的一种书体。行书是为了弥补楷书书写速度较慢和草书难以辨认的缺点而产生的。

特点：行书的书写既不像草书那样潦草，也不像楷书那样端正，而是介于两者之间。行书注重笔势和流动感，字形多变，笔画流畅，气韵生动。它常用于书写便签、信件等。

6.魏碑

魏碑是汉字书法的代表之一，其笔画粗壮有力、气韵遒劲。虽然在一些分类中魏碑不被单独列出，但是它作为书法艺术的一种重要形式，具有独特的艺术价值和历史地位。

（二）书法展示时的注意事项

书法作为中国传统文化的瑰宝，其展示的内容丰富而深远。书法的魅力和精髓，蕴含于其深厚的文化底蕴、独特的艺术形式及丰富的情感表达之中。参赛者在进行书法展示时，应注意体现以下五个方面。

1.字形之美

书法展示了字形之美。每个汉字都有其独特的形态和结构，书法家通过笔墨的运用，将汉字的形态美发挥到极致。他们注重笔画的粗细、长短、曲直，以及字与字之间的空间布局，使整个书法作品呈现出和谐、平衡的美感。

书法的艺术形式独具匠心，以笔墨为媒介，通过点、线、面的组合与变化，展现出无穷无尽的艺术美感。这种独特的艺术形式，不仅令人赏心悦目，更能引发人们对美的深刻思考和感悟。

2.笔墨技巧

书法展示了笔墨技巧的高超。书法家在创作过程中，需要掌握丰富的笔墨技巧（如中锋、侧锋、逆锋、藏锋、露锋等），以及墨色的浓淡、干湿、枯润等变化。这些技巧的运用，使书法作品呈现出丰富的层次感和动态美。

3.文化内涵

书法是文化内涵的深刻体现。书法作品往往蕴含着深厚的文化底蕴和哲学思想，如儒家的中庸之道、道家的自然无为、佛家的空灵超脱等。这些思想通过书法的形式得以传达，使书法作品不仅是艺术表现，更是文化的传承和弘扬。

4.情感与个性

书法展示了书法家的情感与个性。每位书法家都有其独特的创作风格和情感表达方式，他们通过笔墨的运用，将自己的情感和个性融入作品中，使每幅书法作品都具有独特的艺术魅力和生命力。书法是情感的载体，每幅作品都蕴含着书法家的情感与个性。他们通过笔墨的运用，将自己的喜怒哀乐、悲欢离合融入作品中，使书法作品具有独特的艺术魅力和生命力。观赏书法作品，不仅能欣赏到其艺术美感，更能感受到书法家所传递的情感和意境。

5.审美追求

书法展示了人们对美的追求和向往。无论是古代的文人墨客还是现代的书法爱好者，都通过书法这一艺术形式表达了对美的理解和追求。书法作品中的所有笔画及结构都凝聚着书法家对美的思考和探索。

综上所述，书法作为一种独特的艺术形式，所展示的内容涵盖了字形之美、笔墨技巧、文化内涵、情感与个性及审美追求等多个方面。这些内容的展示使书法不仅是一种艺术表现手段，更是一种文化的传承和弘扬方式。这些元素共同构成了书法这一独特的艺术形式，使得它在世界艺术之林中独树一帜、熠熠生辉。

## 七、绘画类

中国画，简称国画，是中国独有的绘画形式，具有悠久的历史和丰富的文化内涵。中国画以水墨画为主要形式，以山水、花鸟、人物等为题材，追求写意和意境的表达。中国画在内容和艺术创作上，体现了古人对自然、社会及与之相关联的政治、哲学、宗教等方面的认识。

中国画是一种意境，体现个人的心性与修养，不是简单的照实写生。不少外国学生通过学习中国画领悟到中国人对中国画的独特态度——追求轻松的和谐与祥和，以及一种强烈的投入感。

### （一）中国画分类

通过绘画作品，可以展现学生的艺术才华和对美的追求。中国画的种类繁多，可以从不同的角度进行分类。

1. 按照题材分类

（1）人物画。

定义：以描绘人物为主，内容广泛，包括宗教人物、宫廷人物、风俗人物等。

特点：注重对人物形态、表情、服饰等细节的刻画，以展现人物的性格和情感。

（2）山水画。

定义：以描写山川自然景色为主题的绘画。

特点：追求"意境"的表现，通过笔墨的运用，营造出山水的气势和韵味。

形式：包括青绿山水、金碧山水、浅绛山水等，每种形式都有其独特的色彩和技法特点。

（3）花鸟画。

定义：以描绘花卉、竹石、鸟兽、虫鱼等为画面主体。

特点：注重写生，追求生动自然的表现，同时融入画家的情感和意境。

（4）界画。

定义：以宫室、楼台、屋宇等建筑物为题材，用界笔直尺画线的绘画，也叫"宫室"或"屋木"。

特点：注重建筑物的比例、结构和透视关系的准确表现。

（5）动物画。

定义：以动物形象作为艺术语言，表达人的希望、幻想和各种感情的绘画。

特点：描绘的题材广泛，但主要对象为人们常见的家禽、家畜和动物园中的各种动物。

**2.按照技法分类**

（1）工笔。

定义：较工整细致的画法，与写意对称。

特点：用笔工整细致，敷色层层渲染，细节刻画入微。

（2）写意。

定义：较放纵的画法，要求通过简练的笔墨写出物象的形神，来表达作者的意境。

特点：用笔豪放、简练，注重表达画家的情感和意境。

（3）白描。

定义：用墨线勾描物象，不着颜色的画法。

特点：线条流畅，注重物象的形态和结构的表现。

（4）没骨。

定义：不用墨线勾勒，直接以彩色或水墨描绘物象的画法。

特点：色彩丰富，注重物象的质感和光影的表现。

（5）界画。

除了作为题材分类，界画在技法分类中也是一种特殊的绘画方式，强调使用界尺等工具进行精确的线条描绘。

**3.按照材料分类**

（1）水墨画。

定义：纯用水墨的画体，以笔法为主导，充分发挥墨法的功能。

特点：色彩单一，但墨色变化丰富，追求"水晕墨章""如兼五彩"的艺术效果。

（2）重彩画。

定义：使用浓重的色彩进行绘画的画体。

特点：色彩鲜艳、浓重，给人以强烈的视觉冲击。

（3）青绿。

定义：以中国画颜料中的石青和石绿作为主色的山水画。

特点：色彩清新、雅致，给人以宁静、和谐的感觉。

（4）金碧。

定义：使用中国画颜料中的泥金、石青和石绿作为主色的山水画。

特点：色彩富丽堂皇，给人以高贵、典雅的感觉。

### 4.按照画幅形式分类

（1）长卷（手卷）。

定义：横向展开的长条形画幅。

特点：适合表现宏大的场景或连续的故事情节。

（2）条幅。

定义：纵向展开的长条形画幅。

特点：适合悬挂于墙壁等垂直面上进行观赏。

（3）册页。

定义：盈尺大小、可以翻阅的画幅形式。

特点：便于携带和保存，适合表现小幅的绘画作品。

（4）斗方。

定义：正方形或近似正方形的画幅形式。

特点：构图简洁明快，适合表现单一的物象或场景。

（5）扇面。

定义：画在扇面上的画幅形式。

特点：具有实用性和装饰性双重功能，适合表现精致细腻的绘画作品。

综上所述，中国画的种类繁多，每种类型都有其独特的艺术魅力和文化内涵。这些绘画作品不仅是中国文化的瑰宝，也是世界艺术宝库的重要组成部分。

### （二）绘画展示的内容

绘画作为艺术的一种重要表现形式，其展示内容丰富多样，旨在传达艺术家的思想、情感和对世界的独特理解。以下是对绘画所要展示内容的详细阐述。

#### 1.形象与形态

绘画要展示形象与形态。无论是人物、风景、静物还是抽象图案，绘画都通过色彩、线条和构图等手段来塑造和表现它们的形象与形态。艺术家运用自己的技艺和创造力，将现实或想象中的物体以独特的方式呈现在画布上，使人们能够感受到其形态之美和形象之生动。

2.色彩与光影

色彩与光影既是绘画中不可或缺的元素，也是艺术家要着重展示的内容。色彩能够传达情感、营造氛围，并增强作品的视觉冲击力。光影则通过明暗对比和投影效果，为作品增添立体感和空间感。艺术家巧妙地运用色彩与光影，可以创造出令人震撼的视觉效果，引导人们进入作品所营造的独特世界。

3.情感与思想

绘画是情感与思想的载体。艺术家在创作过程中，往往将自己的情感、思考和观念融入作品，使人们在欣赏画作的同时，能感受到艺术家的内心世界和思想深度。这种情感与思想的传达，是绘画作品具有深刻内涵和感人之处的重要原因。

4.审美与观念

绘画展示了艺术家的审美观念和艺术追求。不同的艺术家有着不同的审美标准和创作理念，他们在作品中展现自己对美的独特理解和追求。这种审美与观念的展示，使绘画作品呈现出多样化的风格和面貌，满足了人们不同的审美需求。

5.文化与历史

绘画作为文化的一种表现形式，承载着丰富的文化与历史内涵。许多绘画作品都反映了特定时期的社会风貌、历史事件和文化传统，使观众在欣赏画作的同时，能了解到相关的文化与历史知识。这种文化与历史的展示，使绘画作品具有了更加深远的意义和价值。

综上所述，绘画所要展示的内容涵盖了形象与形态、色彩与光影、情感与思想、审美与观念及文化与历史等多个方面。这些内容的展示使绘画成为一种具有深刻内涵和丰富表现力的艺术形式，能够引发人们的思考和共鸣，传递艺术家的独特视角和深刻感悟。参赛者在绘画才艺展示时，可以进行考量和取舍。

## 八、手工艺品类

### （一）手工艺品分类

中国手工艺品的种类繁多，每种都蕴含着丰富的文化内涵和独特的艺术魅力。这些手工艺品不仅代表了中华民族悠久的历史和深厚的文化底蕴，还展示了中国劳动人民的智慧和创造力。以下是一些主要的中国手工艺品种类。

1.陶瓷

定义：陶瓷是陶器与瓷器的统称，以陶土和瓷土为原料，经过配料、成型、上釉、烧制等流程而制成。

特点：质高形美，具有高度的艺术价值，闻名于世界，是中国传统工艺美术的重要组成部分。

历史：远在新石器时代，中国就已有风格粗犷、朴实的彩陶和黑陶。

2.刺绣

定义：刺绣是用绣针引彩线，在纺织品上绣制各种装饰图案和文字的传统手工艺。

特点：历史悠久、工艺精湛、色彩鲜艳、图案精美，具有装饰性和实用性，是中国民间传统手工艺之一。

分类：刺绣主要有苏绣、湘绣、蜀绣和粤绣四大门类。

应用：刺绣团扇等作品精致美丽，但需要足够的耐心和技巧。刺绣广泛应用于服饰、家居装饰、艺术品等领域，是中国传统文化的重要代表之一。

3.中国结

定义：中国结是一种中国特有的手工编织工艺品，以红绳为主材，通过巧妙的编织手法形成各种吉祥图案，具有独特的对称美和精致感。

特点：中国结有双钱结、纽扣结、吉祥结等多种结式，外观对称精致，寓意吉祥如意，代表着团结、幸福、平安等美好愿望，深受大众喜爱。

历史：中国结起源于旧石器时代的缝衣打结，后推展至汉朝的仪礼记事，再演变成今日的装饰手艺。

文化意义：中国结不仅具有装饰作用，还承载着深厚的文化内涵和民族情感。

4.玉雕

定义：玉雕是将玉石加工雕琢成精美工艺品的技艺。

特点：玉雕的工艺复杂，需要根据不同玉料的天然颜色和自然形状进行精心设计。

历史：玉雕是中国最古老的雕刻品种之一，历史悠久。

5.木雕

定义：木雕是雕塑的一种，以木材为原料进行雕刻。

特点：木雕分为立体圆雕、根雕、浮雕三大类，具有鲜明的民族特色和艺术价值。

历史：木雕起源于新石器时代，唐代木雕工艺达到巅峰。

6.琉璃

定义：琉璃是以各种颜色的人造水晶为原料，在高温下烧制而成的装饰品。

特点：色彩流云漓彩，品质晶莹剔透，光彩夺目。

历史：中国古代最初制作琉璃的材料是从铸造青铜器的副产品中获得的。

7.景泰蓝

定义：景泰蓝又称"铜胎掐丝珐琅"，是一种在铜胎上经过掐丝、点蓝、烧蓝等工艺制成的工艺品。

特点：景泰蓝的制作工艺精细复杂，色彩鲜艳，是我国最为著名的传统工艺品之一。

历史：景泰蓝因在明朝景泰年间盛行而得名。

8.剪纸

定义：剪纸是一种用剪刀或刻刀在纸上剪刻花纹的民间艺术，利用剪刀和彩纸创作出形态各异的剪纸作品，用于装点生活或配合其他民俗活动，展现中国传统民间艺术的魅力。剪纸已入选联合国教科文组织人类非物质文化遗产代表作名录。剪纸艺术，作为中国传统民间艺术的瑰宝之一，承载着丰富的历史与文化内涵。剪纸是国际中文教师必备的中华才艺，而且较容易学习。剪纸艺术中的各种元素，蕴涵了丰富的文化历史信息。在剪纸教学时，教师适当地对此进行讲解，可以帮助外国学生更好地理解中国文化及一些文化符号的内涵。

特点：具有广泛的群众基础，交融于各族人民的社会生活。

历史：剪纸的历史源远流长。起源于先秦时期，在汉代形成雏型。繁荣发展于唐代和宋代。明清时代走向鼎盛时期。2006年，剪纸被列入第一批国家级非物质文化遗产名录。2009年，中国剪纸入选联合国教科文组织人类非物质文化遗产代表作名录。

9. 竹编

定义：竹编是以竹子为原料，经过编织而成的工艺品。

特点：竹编历史悠久、工艺精湛，既具有实用价值，又富有艺术观赏性。

历史：竹编最早出现在新石器时代，明清时期得到全面发展。

10. 其他手工艺品

除了以上九种主要的手工艺品外，中国还有许多其他种类的手工艺品，如漆器、皮影、风筝、泥塑、蓝印花布、蜡染、草编、皮具、油纸伞、民间玩具等。这些手工艺品各具特色，共同构成了中国丰富多彩的手工艺文化。

总的来说，中国手工艺品种类繁多、技艺精湛，蕴含着丰富的民族文化价值和艺术魅力。这些传统工艺既代表着中华民族深厚的文化底蕴和独特的创造力，也展示了中国人民在长期实践中积累的精湛技艺和对美的独特追求。每种手工艺品都承载着丰富的文化内涵和民族情感，是中国传统文化的重要代表之一。这些不仅是中国文化的瑰宝，也是世界文化宝库中的重要组成部分。

## （二）剪纸展示的内容

近年来，大多数参赛者选择剪纸作为自己的才艺展示内容。剪纸因轻便、易携带，而且不用现场表演，所以颇受欢迎。剪纸作为一种传统民间艺术，可以展示的内容丰富多样，涵盖了文化、艺术、民俗等多个方面。以下是剪纸可以展示的四个主要方面。

1. 文化内涵

剪纸艺术历史悠久，可以展示中华民族悠久的历史文化传统和民间艺术的深厚底蕴。通过剪纸作品，人们可以了解到不同历史时期、不同地域的剪纸风格和特色，感受到中国文化的博大精深。剪纸作品中常蕴含着丰富的哲学思想，如阴阳五行、天人合一等。这些思想通过剪纸的图案、构图等形式得以体现，传递出深邃的文化内涵和人生哲理。

2.艺术特色

剪纸作品展示了剪纸艺人高超的技艺和创造力。剪纸艺人通过一把剪刀、一张纸，就能创造出千变万化的图案和造型。剪纸的形式多样，包括窗花、门笺、墙花、顶棚花、灯花等。这些不同形式的剪纸作品可以应用于不同的场合和装饰需求，展现出剪纸艺术的多样性和实用性。剪纸的题材非常广泛，包括婚庆节庆、动物、植物、人物、山水风景、书法等。这些题材通过剪纸艺人的巧手创作，被赋予了新的生命和活力，展现出剪纸艺术的独特魅力。

3.民俗风情

剪纸作品在节日庆典中扮演着重要角色。在春节期间，人们会贴窗花、门笺等剪纸作品来增添节日气氛；在婚庆场合，剪纸作品常被用来装饰新房和喜宴现场，寓意吉祥如意、幸福美满。不同地域的剪纸作品具有不同的风格和特色。例如，庆阳剪纸以独特审美特征、原始图腾特征、化石特征和哲学特征著称；定西剪纸具有浓厚的乡土气息和深厚的文化底蕴；烟台剪纸以其丰富的表现题材和独特的风格在中国剪纸中占有重要地位。这些地域特色的剪纸作品展示了不同地区的民俗风情和文化传统。

4.审美价值

剪纸作品以其精美的图案、独特的造型和丰富的色彩给人们带来视觉上的享受。无论是细腻的线条还是粗犷的轮廓，都能让人感受到剪纸艺术的独特魅力。剪纸作品还承载着人们的情感寄托和美好愿望。通过剪纸作品，人们可以表达对生活的热爱、对自然的敬畏及对未来的憧憬和期盼。

综上所述，剪纸作为一种传统民间艺术，可以展示的内容丰富多样。它不仅是一种文化传统的体现和传承方式，更是一种具有独特魅力和审美价值的艺术形式。通过剪纸作品，人们可以感受到中国文化的博大精深和民间艺术的独特韵味。

# 九、茶艺

## （一）茶艺分类

茶艺，是一门博大精深的艺术，是沏茶、赏茶、品茶的艺术，它不仅是一种饮茶技艺，更是一种文化、一种精神。茶艺源于中国，在漫长的历史发展过程中，形成了丰富多彩的分类体系。茶艺作为国家级非物质文化遗产，广泛吸收和借鉴了其他艺术形式，并扩展到文学、艺术等领域，形成了具有浓厚民族特色的中国茶文化。中国茶文化源远流长、博大精深。参赛者若选择茶艺进行展示，需要熟悉茶叶的品种及冲泡步骤和方法。中国茶艺的种类繁多，可以从多个角度进行分类。以下是一些主要的茶艺种类及特点。

1. 按照茶叶种类分类

（1）绿茶茶艺。

绿茶是非发酵茶，保留了茶叶的天然色泽和营养成分。绿茶茶艺注重突出茶叶的清新自然之美，常用玻璃杯或盖碗冲泡，以便更好地欣赏茶叶的形态和色泽。泡制时需关注水温和泡制时间，以保持茶叶的清新口感。

典型茶艺：龙井茶艺、碧螺春茶艺等。

（2）红茶茶艺。

红茶是全发酵茶，具有浓郁的香气和醇厚的滋味。泡制时需关注水温、茶量和泡制时间。红茶茶艺注重表现茶叶的红艳色泽和醇厚口感，常用功夫茶具冲泡，以更好地展现红茶的香气和滋味。

典型茶艺：正山小种茶艺、祁门红茶茶艺等。

（3）乌龙茶（青茶）茶艺。

乌龙茶介于绿茶与红茶之间，是半发酵茶。泡制时需掌握适宜的水温和泡制时间，使茶叶呈现出独有的香气和味道。

典型茶艺：铁观音茶艺、大红袍茶艺等。

（4）黑茶茶艺。

黑茶是后发酵茶，经过渥堆发酵，具有独特的陈香和醇厚滋味。泡制时需用沸水，且泡制时间较长。黑茶具有降脂、减肥、养胃等功效。黑茶茶艺注重表现茶叶的陈厚之美，常用茯砖茶、普洱茶等黑茶进行冲泡，以更好地体现黑茶的独特风味。

典型茶艺：普洱茶茶艺、安化黑茶茶艺等。

（5）白茶茶艺。

白茶是微发酵茶，泡制时水温不宜过高，以保持茶叶的清雅香气。白茶只经萎凋和干燥，最大限度地保留了茶叶的自然风味。白茶茶艺注重突出茶叶的清雅之美，常用盖碗或玻璃杯冲泡，以更好地欣赏白茶的鲜香和清雅之感。

典型茶艺：白毫银针茶艺、白牡丹茶艺等。

（6）黄茶茶艺。

黄茶是微发酵茶，经过杀青、"闷黄"、干燥等工序，具有独特的黄汤黄叶之美。泡制时需留意水温控制，使茶叶呈现出独到的黄色泽和香气。黄茶茶艺注重表现茶叶的黄润之美，常用盖碗或壶泡，以更好地展现黄茶的香气和滋味。

典型茶艺：君山银针茶艺、霍山黄芽茶艺等。

2.按照茶艺流派分类

（1）宫廷流派茶艺。

注重仪式、庄重和精致，每个步骤都严谨而周密。

代表形式：清代宫廷的六大茶礼等。

（2）民间流派茶艺。

更加注重随性和自然，强调与自然和谐共生，追求茶的自然香气和口感。

常见形式："一席茶""茶话会"等。

（3）文人流派茶艺。

儒士、文人和学者借助茶艺来表达情感和思想，将茶与诗、书、画等文化艺术结合在一起。其崇自然、静和雅致，重视个人的情感和思考。

（4）佛教流派茶艺。

在佛教传统中，借助茶具和茶艺仪式来追求心灵平静和精神平和。其强调内观和修行，将品茶过程视为一种达到冥想状态和顿悟的途径。

3.按照其他方式分类

（1）按照茶艺表演的形式分类。

①静态茶艺。以品茶为主，注重茶叶本身的风味和意境，形式较为简单。静态茶艺通常在茶室或茶馆中进行，以茶具、茶叶、茶水等为主要元素，营造出宁静、优雅的氛围。

②动态茶艺。以表演为主，注重茶艺的观赏性和艺术性，形式较为复杂，常结合音乐、舞蹈等艺术形式，在大型舞台或广场上进行，以茶艺表演者为中心，展现茶艺的独特魅力。

（2）按照冲泡方式分类。

包括烹茶法、点茶法、泡茶法、冷饮法等。

（3）按照社会阶层或人群分类。

包括宫廷茶艺、文士茶艺、宗教茶艺、民间茶艺，以及小儿茶艺、伤残人茶艺等。

（4）按照茶事功能分类。

包括生活性茶艺、经营性茶艺、表演性茶艺等。

（5）按照饮茶器具分类。

包括壶泡法（包括紫砂壶小壶冲泡、瓷器大壶冲泡）、盖碗杯茶艺、玻璃杯茶艺等。

（6）按照地域或民俗分类。

包括北京的盖碗茶、西湖龙井茶、婺源文士茶、修水礼宾茶，以及客家擂茶、新娘茶等。

（7）按照时期分类。

包括古代茶艺、当代茶艺等。

总之，中国茶艺的种类繁多，每种茶艺都有其独特的魅力和文化内涵。不同的人对茶艺的理解和追求也不同。在品味茶香的同时，人们也能体会到茶艺所蕴含的丰富文化内涵。无论是从茶叶种类、茶艺流派还是其他分类方式来看，都能深刻感受到中国茶艺的博大精深和源远流长。

## （二）茶艺展示内容

参赛者展示茶艺时，要展示中国茶文化的精髓，包括泡茶技巧、品茶礼仪等方面。

茶艺不仅是一种生活方式，更是一种文化传承。茶艺展示的内容丰富多样，既体现了中国文化的深厚底蕴，又展现了茶艺的精湛技艺和审美追求。以下是茶艺可以展示的四个主要方面。

### 1.茶文化的历史与传承

起源与发展：可以展示茶文化的起源、发展历程及其在不同历史时期的特点。例如，介绍茶从药用、食用到饮用的演变过程，以及唐代煎茶、宋代点茶、明清泡茶等不同饮茶方式的变迁。

历史名人与茶事：通过讲述历史名人与茶的故事（如陆羽的《茶经》、苏轼的茶诗等），展示茶文化在文人墨客中的传播与影响。

2.茶艺表演与技艺展示

茶艺流程：茶艺表演通常包括备具、温杯、置茶、冲泡、奉茶等一系列流程，通过这些流程展示茶艺的精湛技艺和严谨态度。例如，冲泡时的"凤凰三点头"动作，既体现了冲泡技巧，又寓意了对客人的尊敬。

茶具之美：茶艺展示中会涉及各种精美的茶具，如紫砂壶、瓷杯、茶盘等。这些茶具不仅具有实用价值，更蕴含了丰富的文化内涵和审美追求。通过展示茶具的质地、造型、纹饰等，可以让观众感受到中华优秀传统文化的独特魅力。

3.茶艺的哲学思想与精神内涵

和、静、怡、真：茶艺精神讲究"和、静、怡、真"，这四个字概括了茶艺的核心思想。通过茶艺展示，可以传达出人与自然、人与社会和谐相处的理念，以及追求内心平静、愉悦和真诚的生活态度。

修身养性：茶艺不仅是一种饮茶的艺术，更是一种修身养性的方式。通过茶艺实践，可以培养人的耐心、专注力和审美能力，促进身心健康。

4.茶文化的交流与传播

国际交流：茶艺作为中国文化的瑰宝之一，在国际文化交流中发挥着重要作用。通过茶艺展示，可以向世界介绍中国的茶文化，增进不同国家和地区人民之间的了解和友谊。

现代传承与创新：在保持传统精髓的基础上，茶艺也在不断创新和发展。现代茶艺展示中融入了更多的现代元素和创意理念，使茶文化更加贴近现代生活和社会需求。

综上所述，茶艺可以展示的内容非常广泛，包括茶文化的历史与传承、茶艺表演与技艺展示、茶艺的哲学思想与精神内涵及茶文化的交流与传播等多个方面。这些展示内容不仅让观众了解了茶文化的丰富内涵和独特魅力，也促进了茶文化的传承与发展。

（三）茶艺演示技巧

茶艺是中国独特的文化遗产之一，它以独特的礼仪和技艺融入人们的日常生活。茶艺展示与演示通过仪式化的表演向观众展示茶艺的精髓和魅力。参赛者进行茶艺演示时，可以参考以下演示技巧。

1.仪态端庄，仪容整洁

在茶艺展示与演示中，仪态端庄和仪容整洁至关重要。演示者应保持身体的直立和平衡，双手轻盈慎重地操作茶具，举止大方得体；身着整洁的服饰，并注意个人卫生，这样才能给观众留下良好的第一印象。

2.器具摆放，高低有序

茶艺的器具摆放需要精心安排，要注意摆放的高低有序。茶具应摆放在统一的茶台上，根据大小和用途进行分类。主要的茶具应置于茶台中央，次要的茶具则放在两侧或后方，保持整洁和对称。

3.取茶斟水，动作稳健

取茶和斟水是茶艺中的重要环节，演示者的动作应稳健而流畅。取茶时，应以轻快的动作取出茶叶，保持均匀的速度和节奏。斟水时，要注意水流平稳，尽量避免出现滴水或者倒泻的情况。

4.品味赏析，以客为尊

在茶艺演示中，演示者应为观众展示茶叶的品质和风味。在品味赏析环节，首先，演示者应以客为尊，尊重观众的味觉感受；其次，演示者应清晰地描述茶叶的产地、采摘方法和独特之处，帮助观众更好地理解和欣赏茶叶的魅力。

5.沏茶倒茶，动作轻柔

沏茶和倒茶是茶艺演示中很重要的环节，演示者的动作应轻柔而精准。沏茶时，演示者应适量放茶，保持沏茶的时间和温度，确保茶汤的鲜美和浓郁。倒茶时，要避免茶汤的泼溅和流失，倒入杯中时要注意保持水位一致，展示出茶汤的色泽和清澈度。

6.言谈举止，仪态得体

在茶艺展示与演示中，演示者的言谈举止应得体而谦和。在与观众交流时，应用亲切的语言和清晰的表达，为观众解答疑惑和分享茶艺知识。同时，要注意微笑和眼神交流，给观众一种友善和愉悦的感觉。

7.知识讲解，深入浅出

茶艺不仅是一种艺术表演，还融入了许多历史和文化的知识。在茶艺展示与演示中，演示者应深入浅出地向观众讲解茶艺的起源、发展和相关的文化内涵。通过生动的语言和形象的比喻，让观众更好地理解茶艺的深刻内涵。

8.表情自然，自信大方

演示者在茶艺展示与演示中，应保持表情自然、自信大方。不论是演示茶艺的过程还是与观众交流时，都应保持自信的态度和积极的表情。这样能够更好地与观众产生沟通和共鸣，让演示更具吸引力。

在茶艺展示与演示中，通过仪态端庄、器具摆放的高低有序、取茶斟水的动作稳健、品味赏析、沏茶倒茶的动作轻柔、言谈举止的仪态得体、深入浅出的知识讲解和自然自信的表情，演示者能够生动地展示和传递茶艺的精髓与魅力。只有不断地实践和磨砺，参赛者才能在茶艺展示与演示中不断提升，将茶艺的美妙展示给更多的观众。

## 十、中国象棋

### （一）中国象棋分类

琴、棋、书、画并称中国四大传统艺术形式。中国象棋是中华民族的文化瑰宝，源远流长，趣味性强，用具简单，基本规则简明易懂，属于一种二人对抗性游戏，是流行极为广泛的棋艺活动。棋者，弈也。下棋者，艺也。方寸棋盘中，恬淡、风雅、机智和军事、哲学、诗词、艺术共聚一堂。参赛者若选择棋艺进行展示，则应了解中国象棋的分类。以下是中国象棋一些主要的分类方式。

1.按照传统与现代分类

传统象棋：经典的中国象棋，使用方形格状棋盘、圆形棋子，双方各有十六枚棋子，在交叉点上走子，以将（帅）被将死为胜。

现代变种象棋：在传统象棋的基础上进行创新、改进或简化，产生的新棋种。这些变种象棋可能改变了棋盘的布局、棋子的数量或走法，增加了新的规则和元素，使游戏更加复杂或具有新的特色。例如，国际龙象棋、金蝉象棋、驼棋等都是现代变种象棋的代表。

2.按照棋子的数量或类型分类

标准象棋：双方各有十六枚棋子，包括将（帅）、士（仕）、象（相）、马、车、炮、兵（卒）。

变种象棋：可能增加了新的棋子类型或数量，如某些变种象棋中可能加入了"龙""凤"等特殊棋子，或者增加了"仕""帛"等棋子，以丰富游戏内容。

3.按照布局或走法分类

中国象棋的布局体系非常庞大，根据第一步棋的不同大致可以分为以下几类。

炮类布局：如中炮、过宫炮、顺炮局、列手炮等，这类布局比较积极主动，局面大开大合。

仙人指路类布局：红方第一步走兵三进一或兵七进一，试探对方的应对策略，然后调整己方的布局。

飞相类布局：红方第一步走飞相，相三进五或相七进五，阵型稳固，含蓄内敛。

起马类布局：红方第一步走马二进三或马八进七，攻守兼备，灵活多变。

其他类布局：包括边兵局、补士局、叠炮、铁滑车等冷门布局，这些布局有其独特的诱惑性，也需要较高的棋艺水平来驾驭。

4.按照比赛或娱乐分类

正式比赛象棋：在正式比赛中使用的象棋，遵循严格的比赛规则和裁判制度，是棋手展示棋艺和争夺荣誉的舞台。

休闲娱乐象棋：在日常生活中进行的象棋活动，以休闲娱乐为主要目的，不受严格的比赛规则限制，更加注重趣味性和互动性。

综上所述，中国象棋的分类方式多种多样，每种分类方式都有其独特的魅力和价值。无论从哪个角度进行分类，都能让人们更深入地了解和欣赏这一古老而充满智慧的智力游戏。

（二）中国象棋的走法规则和禁忌

中国象棋的走法规则和禁忌详细如下。

1.走法规则

（1）棋盘与棋子。

棋盘：为长方形，由九条平行的竖线和十条平行的横线相交而成，共有九十个交叉点。棋盘上分为河界、九宫等区域。

棋子：共有三十二枚，分为红黑两色，每方各十六枚，包括一个将（帅）、两个士（仕）、两个象（相）、两个马、两个车、两个炮和五个兵（卒）。

（2）棋子走法。

车、炮：在其行动道路上，可前、后、左、右移动，格数不限，无阻隔物即可直行或横行。吃子方式与走法相同。特别地，炮吃子时必须隔有一个棋子（无论己方或对方的任何棋子）进行跳跃式吃子。

马：行动方式是日字形或英文字母L形，即先横走或直走一格，再往外斜走一格；或先斜走一格，再往外横走或竖走一格（即走"日"字的两角），俗称"马走日"。吃子方式与走法相同。需要注意的是，当马要走的"日"字上方或下方有棋子时（称为"蹩马腿"），马不能向该方向走。

象（相）：不能过河，只能在自己的领地内活动，每次只能斜走两格，俗称"象飞田"。吃子方式与走法相同。需要注意的是，当"田"字中间有棋子时（称为"塞象眼"），象不能走。

士（仕）：只能在九宫内走动，每次只能斜走一格，俗称"仕角斜行"。吃子方式与走法相同。

将（帅）：只能在九宫内走动，每次只能斜走一格或直走一格，不能吃子，俗称"将帅不出城"或"将在外，君命有所不受"。

兵（卒）：过河前只能直走，过河后可以横行，但无论何时都不能后退。吃子方式与走法相同，即直走到对方棋子旁边吃掉对方棋子。

2.禁忌

在中国象棋中，虽然没有明确的禁忌，但有一些规则上的限制和判负条件，可以理解为走棋时的禁忌。

将（帅）见面：在正式比赛中，如果一方的将（帅）与对方的将（帅）在无任何阻挡的情况下照面，通常判为和棋，但在实际对弈中，应避免这种情况发生，因为它可能导致和局。

无子可动：一方走棋后，己方无子可动，称为无子可动，此时判负。

困毙：轮到一方走棋，但己方无子可走，同时对方也无子可动，称为困毙，判负。

长将、长杀、长捉：凡一方通过走子连续不断的将军，但未能将死对方，而是形成了一个循环往复的局面，形成循环达三次者，称为"长将"，判负；凡走子连续不停杀对方棋子而形成循环达三次者，称为"长杀"，判负；凡走子连续不停捉拿对方棋子而形成循环达三次者，称为"长捉"，判负。这些行为都是利用规则上的漏洞进行无意义的重复走子，应予以避免。

此外，还有一些战略上的禁忌，如不应轻易发炮、不应让车行动缓慢等，这些都需要在实际对弈中根据具体情况进行判断和决策。

综上所述，中国象棋的走法规则和禁忌丰富多样，需要玩家在实践中不断学习和掌握。通过了解这些规则和禁忌，可以更好地进行对弈并享受象棋带来的乐趣。

## 十一、中国厨艺

如果在比赛现场展示厨艺，怕是有些不方便。但是中国厨艺是一项了不起的才艺。中国厨艺的种类繁多，涵盖了多种烹饪技法和风格。以下是对中国厨艺种类的概括性介绍。

### （一）按照烹饪技法分类

中国厨艺的烹饪技法繁多，每种技法都有其特点和适用范围。以下是一些常见的烹饪技法及其分类。

1. 煮

煮是将食材放入加好水的炊具中，加热至可食用程度。在煮的过程中，食材的营养物质会溶入汤中，因此煮是常见的烹饪方式，如煮面条、煮汤等。

2. 熘

熘是先将挂糊或上浆的原料用中等油温炸过，再将芡汁调料等放入锅内，倒入炸好的原料快速翻炒出锅，如熘肉片、熘白菜等。

3. 焖

焖是将食材放入锅中，加入适量的水和调料，盖上锅盖，用小火慢炖至熟。

焖制过程中，食材充分吸收汤汁的味道，口感软烂入味。还有一种焖制方法是将食材先用油炸到半熟，再用汤去焖至全熟，使食材软而不腻，如黄焖鸡米饭。

4. 炖

炖与焖类似，是将食材和汤水一起慢炖至熟烂。但炖制时通常使用更多的汤汁，且加热时间更长。炖制可以使食材更加酥烂，汤汁也更加浓郁，如炖排骨、炖鸡汤等。

5. 烧

烧有的是近于烤，有的是先用油炸过食材，再加入佐料和汤汁烧至全熟，菜肴汁浓、汤少，如红烧鱼等。

6. 蒸

蒸是利用水蒸气作为传热介质，将食材放在蒸锅中加热至熟。蒸制可以最大限度地保留食材的原汁原味和营养成分，是健康烹饪的首选方式。将生料或半熟原料加调料调味后上笼屉蒸熟，分清蒸、干蒸和粉蒸等，如清蒸鱼、粉蒸肉等。

7. 炒

炒是将食材放入热油锅中，快速翻炒至熟。炒制过程中，食材在高温下迅速受热，口感鲜嫩，色香味俱佳。根据材料、火候、油温的不同，炒可以细分为生炒、熟炒、滑炒等多种方式，如炒青菜、炒肉丝等。

8. 炸

炸是将食材放入热油中炸至金黄酥脆。炸制食材口感酥脆、香味四溢，但需要注意的是，炸制食品的热量和油脂含量较高，应适量食用。

9. 爆

爆是用高温油快速翻炒食材，使其在短时间内熟透并保持脆嫩，如爆炒腰花等。

10. 烤

烤是将食材置于火源附近或烤箱中，利用热辐射或对流加热至熟。烤制食材外焦里嫩、香味扑鼻，是西餐中常见的烹饪方式，在中餐中也有广泛应用，如烤肉串、烤鱼等。

除了上述烹饪方式，还有煨、烩、煎、卤、腌等多种烹饪技法，每种技法都有其独特的风味和特色。

（二）按照菜系分类

中国地域辽阔，不同地区的气候、物产和人文环境差异较大，因此形成了各具特色的菜系。中国菜系众多，每个菜系都有其独特的烹饪技法和风味特点。以下是一些主要的菜系及其分类。

1.鲁菜

鲁菜以济南菜和青岛菜为代表，讲究调味醇正，口味偏于咸鲜，注重火候和调味品的运用，具有鲜、嫩、香、脆的特色。其代表菜品有糖醋鲤鱼、九转大肠、葱烧海参等。

2.川菜

川菜以麻、辣、鲜、香为特色，菜式多样，擅长使用辣椒、花椒等调料，口味清鲜醇浓并重。其代表菜品有水煮鱼、麻婆豆腐等。

3.粤菜

粤菜口味以鲜香为主，选料精细，清而不淡，鲜而不俗；以清淡、鲜美著称，菜式小巧玲珑、清俊逸秀；注重食材的原汁原味和营养搭配。其代表菜品有白切鸡、清蒸海鱼等。

4.苏菜（江苏菜）

苏菜以南京、扬州、苏州等地的菜肴为代表，注重刀工和火候的掌握，口味偏甜。其代表菜品有松鼠鳜鱼、蟹粉狮子头等。

5.闽菜

闽菜以福州菜和闽南菜为代表，擅长使用海鲜和山珍，口味清淡而鲜美。其代表菜品有佛跳墙、荔枝肉等。

6.浙菜

浙菜以杭州菜为代表，注重食材的新鲜和口感的细腻，口味偏甜。其代表菜品有西湖醋鱼、东坡肉等。

7.湘菜

湘菜以湖南菜为代表，口味偏辣，擅长使用辣椒和豆瓣酱等调料。其代表菜品有剁椒鱼头、辣椒炒肉等。

8.徽菜

徽菜以安徽菜为代表，注重食材的选用和烹饪的精细程度，口味偏咸鲜。其代表菜品有臭鳜鱼、徽州毛豆腐等。

此外，还有京菜、沪菜、豫菜等多种菜系，每个菜系都有其独特的烹饪技艺和风味特色。

（三）按照烹饪风格分类

除了以上两种分类方式，还可以根据烹饪风格将中国厨艺分为多种类型，如宫廷菜、官府菜、家常菜、寺院菜等。每种风格都有其独特的烹饪技法和风味特点，反映了不同历史时期和社会阶层的饮食文化和审美追求。

综上所述，中国厨艺的分类方式多种多样，每种分类方式都揭示了中国厨艺的博大精深和丰富多彩。无论是从烹饪技法、菜系还是烹饪风格等角度来看，都能深刻感受到中国厨艺的独特魅力和无限可能。这些技艺和风格不仅丰富了中国人的餐桌文化，也为世界饮食文化的发展作出了重要贡献。

参赛者要关注自己的教学对象，如果教学对象有宗教信仰，则需注意尊重相关饮食习俗与禁忌，这一点很重要，以免引起误会和麻烦。

## 十二、其他类

（一）相声

相声是中国传统的曲艺形式之一，以说、学、逗、唱为主要表演手段，语言幽默诙谐，深受观众喜爱。它起源于清朝末期，主要流行于北方地区，尤其是北京、天津、河北等地。相声通常由两名演员（称为"逗哏"和"捧哏"）通过对话或说笑的形式，表演一段有故事情节的曲艺段子。

相声是纯粹的语言艺术，通过演员的口头表达（包括对话、叙述、模仿等）来展现情节、塑造人物、制造笑料。相声根据内容和形式的不同，可以分为多种类型，具体如下。

（1）单口相声。由一名演员独自表演，通过讲述故事、模拟对话等方式展现情节。

（2）对口相声。最常见的相声形式，由两名演员通过对话和表演共同完成一个段子。

（3）群口相声。三人或三人以上的演员共同表演的相声，内容更为复杂，要求演员之间配合默契。

幽默是相声的核心，通过夸张、讽刺、双关等手法，对日常生活中的点滴进行艺术加工，使观众在笑声中领悟生活哲理。

也就是说，参赛者若选择相声进行才艺展示，需记得不但要逗人发笑，更重要的是通过笑声传递正能量，教育观众树立正确的世界观、人生观、价值观。优秀的相声演员往往具备较强的应变能力，能够根据现场情况即兴发挥，使演出更加生动有趣。参赛者若没有即兴发挥的能力，最好还是提前做好准备，以免弄巧成拙。

（二）小品

小品，作为一种艺术形式，通常是指较短的关于说和演的艺术表演。它的基本要求包括语言清晰、形态自然，能够充分理解和表现出各种角色的性格特征和语言特征。最具代表性的是喜剧小品，这种艺术形式在现代社会尤其受欢迎。

小品的特点是短小精悍、情节简单，这是小品与其他艺术作品和艺术表现形式最基本的区别。小品属于"文化快餐"，通过简短的情节和紧凑的结构，迅速吸引观众的注意力。小品是"笑"的艺术，通过夸张、讽刺、误会等手法制造笑料，让观众在笑声中感受艺术的魅力。小品的题材来源广泛，既可以是社会热点、现实生活问题，也可以是基层和老百姓中的小题材、小事件。这种广泛的题材选择使小品能够贴近不同层次的观众，实现雅俗共赏。

根据不同的划分标准，小品可以分为多种类型，具体如下。

（1）从容量大小和结构繁简方面划分，有多幕剧、独幕剧等。

（2）从题材所反映的时代方面划分，有历史剧和现代剧等。

（3）从艺术表现形式方面划分，有话剧小品、戏曲小品、歌剧小品、舞剧小品等。其中，话剧小品以对话为主，兼有动作，是最为走红的戏剧小品样式；戏曲小品以中国传统戏曲歌、舞、剧三位一体为特点；歌剧小品以歌唱为主，兼有对话和旁白。

（4）从艺术效果方面划分，主要有喜剧小品、悲剧小品和悲喜剧小品等。

（5）从与其他艺术形式相结合方面划分，有哑剧小品、相声小品、电视小品、儿童小品、木偶小品等。

参赛者可以选择适合自己的小品类型进行表演，既可以选择别人成熟的小品作品，也可以选择自己编撰的小品作品。小品创作的基本要求之一是贴近生活，从日常生活中寻找灵感，以新颖的角度展现社会现象和人生百态。

小品中的语言往往经过精心雕琢，既简练又富有表现力，能够迅速传达角色的情感和内心世界，增强作品的感染力。小品不仅是为了逗笑观众，更重要的是通过幽默的方式揭示社会问题和人生哲理，寓教于乐，让观众在笑声中受到启发和教育。

### （三）诗词朗诵

诗词朗诵是朗诵者将文学作品中的诗词转化为有声语言的再创作和再表达的艺术活动。在这一过程中，朗诵者需要运用清晰的语言、响亮的声音、优美的体态及恰当的动作，将诗词中的思想内容和情感传达给观众，以引起观众的共鸣。以下是关于诗词朗诵的一些要点和建议。

#### 1.朗诵前的准备

选择诗词：选择适合自己风格和水平的诗词进行朗诵。可以考虑诗词的主题、情感、韵律等因素。

理解诗词：深入理解诗词的背景、意境和情感。了解作者的创作背景、诗词的历史背景及诗词所表达的主题和情感，有助于更好地把握朗诵的基调。

划分语节：根据诗词的句数和每句的字数，参照诗句的具体语义划分为一定规律的语节，以便更好地表现诗词的节奏和韵律。

#### 2.朗诵技巧

发音准确、吐字清晰：朗诵时要确保每个字的发音准确、吐字清晰，使观众能够听清每个字，理解每句诗。

语速适当、节奏鲜明：根据诗词的情感和意境，调整朗诵的语速和节奏。在需要强调或抒发情感的地方，可以适当放慢语速或加重语气；在表达轻松或欢快的情感时，可以适当加快语速，使朗诵更加生动有趣。

语调生动、轻重适宜：朗诵时，要根据诗词的情感变化调整语调，使语调生动自然。在表达喜悦、激动等情感时，语调可以上扬；在表达悲伤、沉重等情感时，语调可以下沉。同时，要注意轻重音的处理，使朗诵更加富有层次感。

情感投入、以情带声：朗诵诗词时，要全身心地投入其中，与诗词中的情感产生共鸣。通过声音的高低、强弱、快慢等变化来传达诗词中的情感，使观众能够感受到诗词的魅力和力量。

手势恰当、准确到位：在朗诵过程中，可以适当运用手势来辅助表达。手势要自然、流畅、准确到位，不能过多或过于生硬。同时，眼神要与手势保持一致，增强朗诵的表现力。

3. 注意事项

押住韵脚：在朗诵古诗时，要重视韵脚、押住韵脚。可以将韵脚的音韵读得夸张一些，以凸显其效果。

音韵夸张：由于古诗的每个字或词都含有相当的容量且用字很精，因此在朗诵时，音韵一般都发得较完满甚至夸张些，以体现其内蕴与情致，表现出一种诗境。

规中求变：在朗诵古诗时，可根据诗的意境与情感运动在不破坏语节、停顿次数和显韵的前提下，注意调整语流速度与声音抑扬，使之发生变化，以改变朗诵节奏呆板的状况，更好地抒发诗情。

（四）插花

插花，亦称插花艺术，是将花卉的枝、叶、花等不带根的部分，根据一定的构思和创作法则插在瓶、盘、盆等容器中，经过一定的技术和艺术加工，重新配置成一件精致美丽、造型优美、富有诗情画意、能再现大自然美和生活美的花卉艺术品，并借此表达主题、传递情感和情趣的艺术形式。

插花萌芽于西周至春秋战国时期，至今已有三千多年的历史。它源于古代民间的爱花、种花、赏花、摘花、赠花、佩花、簪花等习俗，随着时代的发展逐渐形成了独特的艺术形式。插花的特点是艺术性、情感性、观赏性。插花于2008年被列为国家级非物质文化遗产。

插花的类型与技巧如下。

1. 类型

插花根据不同的分类标准可以分为多种类型：按照容器可分为瓶花、盘花、盆花等；按照风格可分为中式插花、日式插花、西式插花等；按照用途可分为礼仪插花、艺术插花等。

2. 技巧

插花涉及众多技巧，如组群插花、群聚插花、阶梯插花、重叠插花、阴影技巧、捆绑技巧、绑饰技巧、粘贴方法、串花技巧、描边技巧、合成技巧及人造茎技巧等。这些技巧的运用可以使插花作品更加生动、美观和富有层次感。

综上所述，插花是一种具有悠久历史和深厚文化底蕴的艺术形式。它以花卉为媒介，通过独特的艺术手法和技巧将自然美与人工美完美结合，传递着丰富的情感和意境。在现代社会中，插花仍然具有广泛的应用和重要的影响。

（五）泥塑

泥塑俗称"彩塑"，是中国一种古老且常见的民间艺术。它以泥土为原料，通过手工捏制成形，以人物、动物为主要表现对象，既可以是素色的，也可以是彩绘的。泥塑艺术在中国有着悠久的历史和深厚的文化底蕴，是中国传统文化的重要组成部分。泥塑的制作工艺主要包括以下四个步骤。

（1）选料与和泥。一般选用带些黏性又细腻的土，经过捶打、摔、揉等工序，使泥土达到一定的塑性和黏性。有时还需要在泥土里加入棉絮、纸、蜂蜜等材料，以增强泥土的韧性和可塑性。

（2）制子儿。即制出原型。找一块和好的泥，运用雕、塑、捏等手法，塑造好一个形象，然后进行修改、磨光、晾干。有些地方还要用火烧一下，以提高其强度。

（3）翻模与脱胎。翻模就是把泥土压在原型上印成模子，常见有单片模和双片模，也有多片模。脱胎就是用模子印压泥人坯胎，通常是先把和好的泥擀成片状，再压进模子，然后把两片压好泥的模子合拢压紧，再安一个"底"，即在泥人下部粘上一片泥，使泥人中空外严。在胎体上留一个孔，使胎体内外空气流通，以免胎内空气压力变化而破坏泥胎。

（4）着色。素有"三分塑，七分彩"之说。一般着色之前先上一层底色，以保持表面光洁，便于吸收彩绘颜色。彩绘的颜料多用品色，调以水胶，以加强颜色附着力。着色时，艺人会根据泥塑的题材和风格，选择合适的色彩和图案进行绘制，使泥塑作品更加生动、美观。

中国泥塑艺术在长期的发展过程中，形成了许多具有地方特色的流派和代表作品。其中著名的有天津"泥人张"彩塑、无锡惠山泥人、陕西凤翔彩绘泥塑等。

如果参赛者选泥塑作为才艺展示项目，那么需要提前准备好所有材料，做好展示前的各项准备工作。

### （六）陶艺

陶艺即陶瓷艺术的简称，是以陶瓷材料为主要创作媒介，通过手工或机械的方式，将泥土塑造成各种形状，再经过烧制等工艺过程，最终创作出具有艺术价值和实用价值的作品。陶艺是融绘画、雕刻、工艺美术于一体的综合美术。它历史悠久、内涵深厚，是中国古代文化的重要组成部分，反映了中国人民的智慧和创造力，是了解和研究中国传统文化的重要载体。

陶艺作品的创作涉及多种表现技法，这些技法主要如下。

（1）泥条盘筑法。将泥料搓成圆棒状泥条，然后边转边接边压紧，依次加高，最终做成所需造型。

（2）雕塑法。直接用手或雕塑刀等工具将泥团捏成所需造型。

（3）泥板成型。将泥块滚压成泥板，然后用这些泥板进行塑造。这种方法应用范围很广，从平面到立体都可以进行造型变化。

（4）印坯成型。利用石膏模具进行成型的一种方法，可以大批量地复制产品。

（5）拉坯成型。在拉坯机上利用旋转的力量配合双手的动作将泥团拉成各种形状。这种方法技术要求较高，但应用广泛，擅长者可以考虑。

### （七）糖人

糖人是一种具有悠久历史的中国传统手工技艺，主要以熬化的蔗糖或麦芽糖为原料，通过不同的制作工艺，创造出各种造型的艺术品，如人物、动物、花草等。糖人的制作工艺主要包括吹糖人、画糖人和塑糖人三种。糖人作为中国传统文化的瑰宝之一，不仅具有深厚的文化底蕴和艺术价值，还承载着人们对美好生活的向往和追求。通过不断地传承和发展，相信糖人这一传统手工艺一定会在未来焕发出更加璀璨的光芒。擅长者可以考虑。

### （八）川剧变脸

川剧变脸是指演员在表演过程中，通过快速的化妆技巧和服饰变化，将人物的面貌瞬间改变，以展现出人物的不同情感和心理状态。这种表演技巧在川剧中被广泛应用，是观众喜爱的表演形式之一。这是一种独特的表演技巧，也是中国戏曲文化的重要组成部分。川剧变脸起源于唐朝，当时被称为"变戏法"，主要用于表演神话传说和历史故事。到了明清时期，川剧变脸逐渐成为一种独立的表演形式，被广泛应用于各种戏曲演出中。在现代，川剧变脸已经成为中国戏曲文化的重要代表之一，并于2006年被列入国家首批非物质文化遗产保护名录。川剧变脸的表演技巧主要包括化妆技巧、服饰变化和表演技巧三个方面。

川剧变脸的手法大体上分为以下四种。

（1）抹脸。将化妆油彩涂在脸的某一特定部位上，表演时用手往脸上一抹，即可变成另外一种脸色。

（2）吹脸。将粉末状的化妆品（如金粉、银粉、墨粉等）装进特定的容器里，表演时演员只需将脸贴近容器一吹，粉末就会扑在脸上，变成另一种颜色的脸。

（3）扯脸。事先将脸谱画在绸子上并剪好，每张脸谱上都系一把丝线，再一张一张地贴在脸上。表演时，在舞蹈动作的掩护下，一张张扯下来。

（4）运气变脸。传说已故川剧名演员彭泗洪在扮演《空城计》中的诸葛亮时，能够运用气功而使脸由红变白，再由白转青，表现诸葛亮的内心变化。

中华才艺种类繁多，每种都蕴含着丰富的文化内涵和艺术价值。中华才艺不仅是中华民族的精神象征和文化遗产，也是世界文化宝库中的瑰宝。

# 第二节　才艺展示的技巧

在比赛中进行中华才艺展示时，掌握一些技巧可以显著提升表演效果，以确保展示的专业性和有效性，吸引评委和观众的注意。以下是一些关键的才艺展示技巧。

## 一、充分准备与规划

### （一）了解背景知识

参赛者应对所展示才艺的背景知识有所了解，如历史渊源、文化内涵等，以便在展示过程中进行简要介绍，增加展示的深度和广度。

（二）选择适合的才艺类型

参赛者应根据自己的兴趣和特长，选择书法、武术、音乐、舞蹈、戏剧、剪纸、茶艺等中华传统才艺中的一种或多种进行展示。这样更容易展现出自信和热情，使才艺展示更加生动和吸引人。确保所选才艺能够充分展现个人魅力和技能水平。

（三）确定表演内容

仔细挑选曲目、动作、台词等表演内容，确保它们既符合比赛要求，又能展现自己的才艺特色。同时，注意才艺展示内容的健康向上和独特新颖，以吸引评委和观众的注意。

（四）准备服装与道具

根据才艺类型和表演内容，提前准备好才艺展示所需道具和设备，并进行检查。服装要整洁大方，符合才艺特色；恰当的着装不仅能提升展示者的整体形象，还能更好地提升才艺展示效果。比如，展示舞蹈时，服装应与所展示的舞蹈风格相匹配：如果是古典舞或一些优雅的舞蹈，通常选择具有古典韵味的服饰（如长裙、宽袖或中裙），颜色以淡雅（如粉色、蓝色等）为主，裙摆不宜过大，以免影响动作幅度；民族舞可能需要根据不同民族的特点来选择相应的民族服饰；现代舞可以选择宽松的上衣和裤子，上衣可以是短袖或长袖，裤子以紧身裤或舞蹈裤为宜。舞蹈表演需要大幅度的身体动作，因此服装应舒适且便于活动，避免过于紧身或束缚的款式。在舒适的基础上，服装还应注重美观大方，能够凸显表演者的身材优势，同时避免过于暴露或花哨的设计。

舞蹈鞋是必备的，应根据舞蹈风格选择合适的鞋子。古典舞通常选择软底布鞋或舞鞋，民族舞可能需要特定的民族舞鞋。

适当的配饰可以提升整体造型的美感，但不宜过多。可以选择简单的项链、手链或耳环等，避免过于烦琐的设计。

男生可以选择宽松的上衣和裤子，如T恤、运动衫搭配宽松的长裤或舞蹈裤。颜色以深色为主，显得稳重、专业。男生同样需要选择适合舞蹈的鞋子，如软底布鞋或舞鞋。避免穿着硬底或厚重的鞋子进行舞蹈表演。男生应保持整洁的发型，可以将头发梳理整齐，并保持面部干净清爽。

在正式表演前，一定要提前试穿服装和鞋子，确保它们合身且舒适，以确保表演者能够以最佳状态呈现精彩的舞蹈表演。

道具要齐全且易于操作，确保表演过程中不会出现意外情况。

（五）时间控制

根据比赛要求控制好展示时间，避免过长或过短。一般来说，才艺展示的时间有限，参赛者需要在有限的时间内充分展现才艺的魅力。

（六）技能熟练度

确保所选才艺的技能熟练度达到展示要求，避免因技术不过关而影响展示效果。

## 二、注重身体语言与表现力

（一）合理运用身体语言

在表演过程中，应合理通过姿势、手势、面部表情等身体语言来传达情感和故事。例如，在舞蹈表演中，要注意姿势的准确性和舒展性；在戏剧表演中，要通过面部表情和动作来塑造角色的特点和个性。

（二）提升表现力

要通过声音、动作、表情等多种方式来增强表演的表现力。在表演过程中，要全情投入，使展示更加生动有力，让评委和观众感受到自己的热情和才华。

## 三、培养音乐感与节奏感

（一）提高音乐感

通过聆听不同类型的中国传统音乐，学习欣赏音乐的构成和演奏技巧。了解音乐的情感表达和风格特点，以便更好地将其融入自己的表演中。

### （二）锻炼节奏感

节奏感是音乐表演的基础。通过打击乐器练习、舞蹈课程等方式来锻炼自己的节奏感。在表演过程中，要准确把握音乐的节奏和节奏变化，使表演更加流畅自然。

## 四、关注舞台呈现与互动

### （一）注重舞台形象

在舞台上，要保持良好的仪态和礼仪，展现出自信、大方的形象。同时，要注意与观众互动，通过眼神交流、手势引导等方式来吸引观众注意。

### （二）创新舞台呈现

结合现代科技手段和创新元素来呈现才艺。例如，利用灯光、音效、投影等舞台效果来增强表演的视觉效果；或者将传统才艺与现代艺术形式相结合，创造出独特的表演风格。

## 五、克服紧张情绪与提升自信

在表演中保持镇定是至关重要的，它不仅能帮助表演者更好地展现自己的才艺，还能增强评委和观众的信任感和观赏体验。以下建议可以帮助表演者在表演过程中保持镇定。

### （一）充分准备

1.熟悉表演内容

对表演的内容、台词、动作等都要了如指掌，通过反复练习达到熟练程度。深入了解角色与作品，对于要表演的角色和作品，进行深入的研究和理解，确保对它们有充分的认知和感受。

2.技术掌握

无论是舞蹈、唱歌还是戏剧表演，都要确保已经掌握相关技术，减少表演中的不确定性。通过不断练习，熟悉表演的每个细节，包括台词、动作、表情等。

3.预设应对方案

为可能出现的突发情况预设应对方案，如忘词、设备故障等。

（二）心理调适

1.正面思维

用积极的心态去看待表演，相信自己能够做得很好。接受紧张，认识到紧张是正常的，学会与它共处，而不是试图完全消除它。将紧张情绪转化为表演的动力，让自己更加投入。

2.放松身心

表演前进行深呼吸、冥想或短暂的放松练习，有助于缓解紧张情绪。

3.专注当下

表演时，将注意力集中在当前的动作、台词和与观众的互动上，避免过多考虑结果或观众的反应。

4.提升自信心

享受表演过程，将表演看作一次愉快的经历，享受在舞台上的每一刻，自然而然地流露出来。相信自己的才华和努力能够赢得评委和观众的认可。在比赛过程中，要保持积极向上的心态，以展现出自己的最佳状态。

（三）与观众互动

1.建立联系

通过眼神交流、问候等方式与观众建立联系，让他们成为你的支持者，感受到你的关注和真诚，这样可以帮助参赛者建立自信，并让观众更加投入你的表演。

2.感受观众能量

将观众的注意力和期待转化为自己的能量，而不是压力。

3.反馈与调整

注意观众的反馈和反应，当他们给予积极的回应时，自信会得到进一步的提升。每次表演后，根据反馈进行自我调整，不断提升自己的表演水平。通过不断的表演实践，积累经验和自信。

## 六、练习结束礼仪

才艺展示结束时的礼仪，是展现个人修养和对观众表示尊重的重要环节。以下是一些常见的才艺展示结束时的礼仪。

### （一）鞠躬与致谢

#### 1.鞠躬

鞠躬是最常见的结束礼仪之一。表演者可以面向观众，站立端正，然后上身向前弯曲呈弓形，表示对观众的尊敬和感谢。鞠躬的幅度可以根据场合和个人习惯而定，但一般来说，90度鞠躬被视为非常正式和尊敬的表示。

#### 2.致谢词

在鞠躬之前或之后，表演者可以说一些简短的致谢词（如"谢谢大家""感谢大家的观看"等），以表达对观众支持和欣赏自己的感激之情。

### （二）与观众互动

#### 1.挥手致意

除了鞠躬和致谢词外，表演者还可以向观众挥手致意，以更加亲切和活泼的方式与观众互动。这有助于拉近表演者与观众之间的距离，营造更加和谐的氛围。

#### 2.保持微笑

在整个才艺展示过程中及结束时，表演者都应保持微笑。微笑能够传递出友好和自信的信息，让观众感受到表演者的真诚和热情。

#### 3.尊重伴奏或团队成员

如果才艺展示涉及伴奏或团队成员的配合，表演者在结束时也应向他们表示感谢和尊重。例如，可以向他们鞠躬或握手致意等。

#### 4.注意观众反应

在才艺展示结束后，表演者可以留意观众的反应。如果观众给予热烈的掌声和欢呼声，表演者可以向他们挥手致意或再次鞠躬表示感谢。这不仅能够增强表演者与观众之间的互动和联系，还能够让表演者感受到观众的认可和喜爱。

（三）专业退场

1.有序离场

在才艺展示结束后，表演者应按照事先安排好的顺序有序离场。这不仅可以保持舞台的整洁和秩序，还能够给观众留下良好的印象。

2.避免匆忙

退场时，表演者应避免匆忙和慌乱，应保持镇定和从容，以优雅的姿态离开舞台。这不仅能够展现出表演者的专业素养，还能够让观众感受到表演者的自信和从容。

这些礼仪不仅有助于展现表演者的个人修养和尊重观众的态度，还能够提升表演的整体效果和观众的观看体验。

综上所述，在国际中文教育教学技能大赛中，进行中华才艺展示时，需要考量上述事项，做到合理安排、细致计划。参赛者最重要的是要选择适合自己的才艺，应选择最为熟练的才艺进行展示，这样会给比赛成绩加分不少。通过这些技巧的运用，参赛者能够展现出自己的独特魅力，在比赛中脱颖而出。

# 第三节　才艺展示的注意事项

在国际中文教育教学技能大赛中的才艺展示环节，参赛者需要注意以下十个方面，以确保能够充分展示自己的才能，并给评委留下深刻印象。

## 一、做好才艺的选择与准备

（一）难度适中

选择才艺时，要考虑自己的实际水平，避免选择难度过大或过于简单的项目。难度过大的项目可能导致表演失误，而过于简单的项目难以吸引评委的注意。

（二）充分准备

无论选择何种才艺，都需要提前进行充分准备。应熟悉表演内容，反复练习，确保在比赛中能够流畅、自信地完成表演。

## 二、展示内容一定要积极向上

在准备和表演过程中，要严格遵守比赛规则和要求。才艺展示的内容一定要健康、积极向上，符合参赛的要求和标准，符合参赛现场的条件，符合社会公德和法律法规要求，符合中国文化的核心价值观和审美标准；不含有任何侮辱、歧视或冒犯性的元素。在选择才艺项目时，应尊重不同文化和宗教的敏感性，避免引起不必要的误解或冲突。

## 三、不要超时

才艺展示往往有时间限制，一定要合理安排时间，不要超时，超时可能会拉低比赛分数。管理好展示的节奏，对才艺内容进行精心编排，确保结构紧凑、层次分明。合理安排开场、高潮、结尾等部分，使观众能够跟随节奏进入情境。

## 四、注意才艺展示内容的创新性和独特性

在准备展示内容时，要确保才艺展示内容的创新性和独特性，深入挖掘汉语文化的内涵和精髓，并结合自己的个性特点进行表达。通过深入挖掘，可以发现更多独特的素材和视角；而个性表达能够使展示内容更加生动、真实和感人。这样的展示能够展现个人对汉语文化的深刻理解和独特感悟，打造出既具有创新性又独具特色的展示内容，以区别于其他参赛者，提升吸引力，从而在比赛中脱颖而出。可以利用服装、灯光、音效、道具等辅助手段增强舞台效果，但需注意不要喧宾夺主，要保持内容的主体地位。

## 五、提升舞台表现力

除了技能的磨炼，还需注重表情管理、动作协调及与观众的互动，使表演更加自然流畅。保持表演的节奏感，避免因节奏过快或过慢而使观众体验感不佳。适时的停顿、加速或减速，能够增强表演的层次感和吸引力。

通过面部表情、肢体语言、眼神交流等方式，将内心的情感准确传达给观众。注意舞台位置的利用，保持与观众的适当距离，使表演更具感染力。面对

舞台的紧张感是每名表演者都会遇到的挑战。良好的心理素质能够帮助表演者迅速调整状态，克服紧张情绪。可通过模拟表演、深呼吸、正面心理暗示等方法进行训练，增强自信心和应变能力。

## 六、注重礼仪

在表演前后要注重礼仪（如向评委和观众鞠躬、致谢等），保持自然、真诚的笑容。这不仅可以展现自己的专业素养和良好形象，还可以给评委和观众留下深刻印象。在表演结束后，如果观众还没有鼓掌，表演者仍应保持微笑，展现出自信和从容的态度。这种积极的肢体语言可以营造正面的氛围，鼓励他们给予反馈。有时候，观众可能需要一点时间从观看中缓过神来，或者可能在等待其他人先鼓掌，表演者在表演结束后可以短暂停顿，给观众一点反应时间，或者用眼神与观众交流（如扫视整个观众席），表达出对观众的感激和期待。这种眼神交流有助于拉近与观众的距离，也可能促使观众开始鼓掌。

即使观众没有立即鼓掌，表演者也应避免匆忙离场。应保持镇定，等待合适的时机再退场。在有些比赛场合中是没有掌声的，表演结束后，表演者鞠躬、微笑、致谢、退场即可。

## 七、在才艺展示中保持自信

在才艺展示中，保持自信是每名参赛者努力追求的目标，自信不仅能够帮助参赛者更好地展现自己的才华，还能够让观众感受到参赛者的魅力和专业度。

（一）培养积极心态

用积极的心态去看待表演，相信自己有能力完成它，并且会做得很好。

（二）自我肯定与鼓励

在表演前，给自己一些肯定和鼓励的话语，提醒自己已经做好了充分的准备，并且有能力应对任何挑战。

（三）应对紧张与失误

认识到在表演前或表演中感到紧张是正常的，学会接受紧张情绪，并将其转化为表演的动力。提前准备应对可能出现的失误的策略（如忘词时的应对方法），这样即使出现小失误，参赛者也能保持自信并继续表演。

## 八、注意安全问题

要遵守安全规范。确保所有才艺展示内容都经过充分的预演，以发现潜在的安全隐患并及时调整。检查所需道具、设备或服装是否完好无损，避免在才艺展示过程中发生意外。根据比赛场地的实际情况（如大小、布局、安全设施等）选择合适的才艺展示项目。参赛者应根据自己的身体状况选择才艺项目，避免进行超出身体承受能力的表演。如果需要特殊体能或技巧，应提前进行适应性训练，并咨询专业人士的意见。在准备和展示过程中要注意安全问题，特别是涉及动作幅度较大的才艺（如武术、舞蹈等），要确保场地安全并做好防护措施。在使用电器、火源或尖锐物品等时，严格遵守相关安全规范，确保操作正确无误。如有需要，可请专业人员协助布置或指导使用相关设备。在才艺展示过程中，要考虑评委和观众的安全，应时刻关注评委和观众的反应及位置，避免发生意外碰撞或伤害。对于可能产生飞溅物或烟雾的展示，应提前告知评委和观众，并做好防护措施。同时要设置紧急预案。在比赛中可能会遇到各种突发情况（如设备故障、忘词等），参赛者要保持冷静和自信，迅速调整心态和表演策略，想好应对方法。避免需要大范围移动或可能破坏场地设施的表演，以防造成人员伤害或财产损失。

## 九、适当融入教学元素

可以思考如何将才艺展示融入教学中，使其成为教学的一部分。例如，展示书法时可以简单介绍下书法的内容和字体；展示武术时可以边展示边简单讲解一下招式，或者武术的意义和价值。另外，在展示过程中，注意跨文化交流的因素，要尊重不同文化背景的评委和观众，避免使用可能引起误解或冒犯的语言和行为。

## 十、保持专业态度

即使在才艺展示环节，也应保持教师的专业形象和态度，确保整个过程的规范性和严肃性。对于可能出现的失误或意外情况，应保持冷静并妥善处理，避免影响比赛氛围和观众情绪。

综上所述，在国际中文教育教学技能大赛的才艺展示环节，参赛者需要对注意事项等方面进行全面考虑和准备，以确保能够充分展示个人才艺，展现中国文化的独特魅力，并给评委留下深刻印象。无论比赛结果如何，都要保持积极的心态，将比赛视为一次学习和锻炼的机会，从中吸取经验和教训，为未来的成长和发展打下坚实的基础。

# 参考文献

[1]  戈特弗雷森.心态[M].李恩宁,译.北京:国际文化出版公司,2021.

[2]  安德森.心态制胜[M].张琼,译.北京:中国友谊出版公司,2023.

[3]  星涉.心态的力量[M].白娜,译.武汉:长江出版社,2023.

[4]  程红兵.听程红兵老师说课评课:1[M].武汉:长江文艺出版社,2023.

[5]  崔永华.对外汉语教学设计导论[M].北京:北京语言大学出版社,2008.

[6]  郭成.课堂教学设计[M].北京:人民教育出版社,2006.

[7]  姜丽萍.综合课教学方法与技巧[M].北京:北京语言大学出版社,2014.

[8]  李宝峰.教学技能理论与实践[M].北京:华文出版社,2008.

[9]  刘珣.对外汉语教育学引论[M].北京:北京语言文化大学出版社,2000.

[10]  张和生.对外汉语课堂教学技巧研究[M].北京:商务印书馆,2006.

[11]  郭芬云.课的导入与结束策略[M].北京:北京师范大学出版社,2010.

[12]  杨文惠.轻松教汉语:汉语课堂教学实用技巧72法[M].北京:世界图书出版公司北京公司,2009.

[13]  彭增安,陈光磊.对外汉语课堂教学概论[M].北京:世界图书出版公司北京公司,2006.

[14]  卢华岩.对外汉语课堂教学行为的理论与实践[M].北京:北京大学出版社,2011.

[15]  姜丽萍.汉语课堂教学[M].2版.北京:北京语言大学出版社,2021.

[16]  郑艳群,等.汉语课堂教学结构和过程建模研究[M].北京:北京语言大学出版社,2023.

[17]  钟启泉.教学设计[M].上海:华东师范大学出版社,2022.

[18]  陈殿兵,杨新晓.有效课堂教学的组织与实施[M].北京:科学出版社,2018.

[19]  崔永华,杨寄洲.对外汉语课堂教学技巧[M].北京:北京语言文化大学出版

社,1997.

[20] 理查兹.语言教学中的课程设计[M].2版.北京:外语教学与研究出版社,
2023.

[21] 崔佳.以学习为中心:教学设计新思维[M].上海:华东师范大学出版社,
2024.

[22] 方贤忠.如何说课[M].上海:华东师范大学出版社,2008.

[23] 刘彦昆.教师如何提高说课艺术[M].修订版.长春:吉林大学出版社,2010.

[24] 杨惠元.课堂教学理论与实践[M].北京:北京语言大学出版社,2007.

[25] 黄晓颖.对外汉语课堂教学艺术:来自教学实践的微技能探讨[M].北京:北
京语言大学出版社,2008.

[26] 周小兵.对外汉语教学导论[M].北京:商务印书馆,2009.

[27] 吴勇毅,吴中伟,李劲荣.实用汉语教学语法[M].北京:北京大学出版社,
2016.

[28] 李泉.对外汉语教学理论研究[M].北京:商务印书馆,2006.

[29] 周健.汉语课堂教学技巧325例[M].北京:商务印书馆,2009.

[30] 周国鹃,李迅.对外汉语课堂教学设计与技能[M].苏州:苏州大学出版社,
2015.

[31] 冯光伟.课堂教学设计理论与实践[M].北京:科学出版社,2016.

[32] 钱慎一,王曼.PPT多媒体课件制作标准教程:全彩微课版[M].北京:清华
大学出版社,2021.

[33] 暨南大学《武术》编写组.武术[M].广州:暨南大学出版社,2013.

[34] 王业霞.剪纸[M].北京:高等教育出版社,2012.

[35] 吴露生.中国舞蹈[M].修订版.上海:上海书店出版社,2017.

[36] 毛增印.陶艺中国[M].青岛:青岛出版社,2014.

[37] 傅谨. 中国戏剧[M]. 2版.北京:五洲传播出版社,2016.

[38] 方建勋.中国书法通识[M].北京:新星出版社,2023.

[39] 简其华,等.中国乐器介绍[M].修订版.北京:人民音乐出版社,2004.

[40] 末广德司.着装的影响力[M].贾天琪,译.杭州:浙江教育出版社,2022.

[41] 王敏家.上班穿什么:快速搭配职业装+OL美妆[M].北京:电子工业出版
社,2016.

[42]　蔡少惠.中国人的礼仪规矩[M].北京:中国纺织出版社,2023.

[43]　冯化志.象棋从入门新手到实战高手:象棋布局攻略[M].长春:吉林出版集团股份有限公司,2021.

[44]　徐智明.中国厨艺文化大观[M].北京:中国国际广播出版社,1992.

[45]　李倩.中华茶艺[M].成都:四川大学出版社,2021.

[46]　王东.中华朗诵艺术十五讲[M].北京:中华书局,2014.